敦煌學與五涼史論稿
上冊

馮培紅　著

總序

　　浙江，中國「自古繁華」的「東南形勝」之區，名聞遐邇的中國絲綢故鄉；敦煌，從漢武帝時張騫鑿空西域之後，便成為絲綢之路的「咽喉之地」，世界四大文明交融的「大都會」。自唐代始，浙江又因絲綢經海上運輸日本，成為海上絲路的起點之一。浙江與敦煌、浙江與絲綢之路因絲綢結緣，更由於近代一大批浙江學人對敦煌文化與絲綢之路的研究、傳播、弘揚而令學界矚目。

　　近代浙江，文化繁榮昌盛，學術底蘊深厚，在時代進步的大潮流中，湧現出眾多追求舊學新知、西學中用的「弄潮兒」。

　　二十世紀初因敦煌莫高窟藏經洞文獻流散而興起的「敦煌學」，成為「世界學術之新潮流」；中國學者首先「預流」者，即是浙江的羅振玉與王國維。兩位國學大師「導夫先路」，幾代浙江學人（包括浙江籍及在浙工作生活者）奮隨其後，薪火相傳，從趙萬里、姜亮夫、夏鼐、張其昀、常書鴻等前輩大家，到王仲犖、潘絜茲、蔣禮鴻、王伯敏、常沙娜、樊錦詩、郭在貽、項楚、黃時鑑、施萍婷、齊陳駿、黃永武、朱雷等著名專家，再到徐文堪、柴劍虹、盧向前、吳麗娛、張湧泉、王勇、黃徵、劉進寶、趙豐、王惠民、許建平以及馮培紅、余欣、竇懷永等一批更年輕的研究者，既有共同的學術追求，也有各自的學術傳承與治學品格，在不同的分支學科園地辛勤耕耘，為國際「顯

學」敦煌學的發展與絲路文化的發揚光大作出了巨大貢獻。浙江的絲
綢之路、敦煌學研究者，成為國際敦煌學與絲路文化研究領域舉世矚
目的富有生命力的學術群體。這在近代中國的學術史上，也是一個值
得關注的現象。

始創於一八九七年的浙江大學，不僅是浙江百年人文之淵藪，也
是近代中國社會科學與自然科學英才輩出的名校。其百年一貫的求是
精神，培育了一代又一代腳踏實地而又敢於創新的學者專家。即以上
述研治敦煌學與絲路文化的浙江學人而言，不僅相當一部分人的學
習、工作與浙江大學關係緊密，而且每每成為浙江大學和全國乃至國
外其他高校、研究機構連結之紐帶、橋梁。如姜亮夫教授創辦的浙江
大學古籍研究所（原杭州大學古籍研究所），一九八四年受教育部委
託，即在全國率先舉辦敦煌學講習班，培養了一批敦煌學研究骨幹；
本校三代學者對敦煌寫本語言文字的研究及敦煌文獻的分類整理，在
全世界居於領先地位。浙江大學與敦煌研究院精誠合作，在運用當代
信息技術為敦煌石窟藝術的鑑賞、保護、修復、研究及再創造上，不
斷攻堅克難，取得了舉世矚目的成就，拓展了敦煌學的研究領域。在
中國敦煌吐魯番學會原語言文學分會基礎上成立的浙江省敦煌學研究
會，也已經成為與甘肅敦煌學學會、新疆吐魯番學會鼎足而立的重要
學術平臺。由浙大學者參與主編，同浙江圖書館、浙江教育出版社合
作編撰的《浙藏敦煌文獻》於二十一世紀伊始出版，則在國內散藏敦
煌寫本的整理出版中起到了領跑與促進的作用。浙江學者倡導的中日
韓「書籍之路」研究，大大豐富了海上絲路的文化內涵，也拓展了絲

路文化研究的視野。位於西子湖畔的中國絲綢博物館，則因其獨特的絲綢文物考析及工藝史、交流史等方面的研究優勢，並以它與國內外眾多高校及收藏、研究機構進行實質性合作取得的豐碩成果而享譽學界。

　　現在，中國正處於實施「一帶一路」偉大戰略的起步階段，加大研究、傳播絲綢之路、敦煌文化的力度是其中的應有之義。這對於今天的浙江學人和浙江大學而言，是在原有深厚的學術積累基礎上如何進一步傳承、發揚學術優勢的問題，也是以更開闊的胸懷與長遠的眼光承擔的系統工程，而決非「應景」、「趕時髦」之舉。近期，浙江大學創建「一帶一路」合作與發展協同創新中心，舉辦「絲路文明傳承與發展國際學術研討會」，都是在新的歷史條件下邁出的堅實步伐。現在，浙江大學組織出版這一套學術書系，正是為了珍惜與把握歷史機遇，更好地回顧浙江學人的絲綢之路、敦煌學研究歷程，奉獻資料，追本溯源，檢閱成果，總結經驗，推進交流，加強互鑑，認清歷史使命，展現燦爛前景。

浙江學者絲路敦煌學術書系編委會

二〇一五年九月三日

出版前言

本書系所選輯的論著寫作時間跨度較長，涉及學科範圍較廣，引述歷史典籍版本較複雜，作者行文風格各異，部分著作人亦已去世，依照尊重歷史、尊敬作者、遵循學術規範、倡導文化多元化的原則，經與浙江大學出版社協商，書系編委會對本書系的文字編輯加工處理特做以下說明：

一、因內容需要，書系中若干卷採用繁體字排印；簡體字各卷中某些引文為避免產生歧義或詮釋之必須，保留個別繁體字、異體字。

二、編輯在審讀加工中，只對原著中明確的訛誤錯漏做改動補正，對具有時代風貌、作者遣詞造句習慣等特徵的文句，一律不改，包括原有一些歷史地名、族名等稱呼，只要不存在原則性錯誤，一般不予改動。

三、對著作中引述的歷史典籍或他人著作原文，只要所注版本出處明確，核對無誤，原則上不比照其他版本做文字改動。原著沒有註明版本出處的，根據學術規範要求請作者或選編者盡量予以補註。

四、對著作中涉及的敦煌、吐魯番所出古寫本，一般均改用通行的規範簡體字或繁體字，如因論述需要，也適當保留了一些原寫本中的通假字、俗寫字、異體字、借字等。

五、對著作中涉及的書名、地名、敦煌吐魯番寫本編號、石窟名

稱與序次、研究機構名稱及人名，原則上要求全卷統一，因撰著年代
不同或需要體現時代特色或學術變遷的，可括注說明；無法做到全卷
統一的則要求做到全篇一致。

書系編委會

目次

上冊

我與敦煌學及河西史研究

　　盤點自己廿年左右的學術歷程，研究範圍基本上限定在敦煌學、河西史、官制、家族等領域，時代從魏晉十六國到隋唐五代階段。即便是研究官制、家族，我的學術重心也是以敦煌為主，因此專業應當定位在敦煌學、河西史範疇。

一

　　接觸歷史並以之為專業，應該是從一九九〇年考入杭州師範學院（今杭州師範大學）歷史系開始，不過那時學習的是廣義的歷史學，而對敦煌學、河西史並不熟悉，頂多是在上「中國古代史」、「中西文化交流史」、「宗教學」等課程時，了解到一些相關知識。在肖也珍教授的指導下，我撰寫了本科畢業論文《論唐高祖李淵》，閱讀了《大唐創業起居注》、兩《唐書》部分紀傳、《資治通鑑》隋唐紀，以及一些今人的相關著作，對隋唐史頗有興趣，所以想報考魏晉隋唐史專業的碩

士研究生，那個時候自然也不會想到敦煌學。班主任張衛良教授畢業於蘭州大學歷史系，熱心地推薦我報考蘭州大學，並幫助我連繫齊陳駿教授為導師。於是，我給齊老師寫信，詢問報考碩士生的情況。令我感動的是，齊老師很快回信並寄來了蘭州大學的招生簡章，當時的招生專業是歷史文獻學，他告訴我這個專業主要學習魏晉隋唐史與敦煌學，並讓我報考他和樓勁老師合招的碩士生，還說他和樓老師都是浙江人。因為這一機緣，我才開始接觸敦煌學書籍，但也只是閱讀了姜亮夫先生的《敦煌學概論》、《莫高窟年表》等書，僅僅是初窺門徑罷了。

一九九四年考入蘭州大學歷史系讀碩士，因為劉永明師兄也報考了齊、樓二師的碩士生，所以我被調劑到齊老師和鄭炳林老師的名下。齊師精研魏晉隋唐史與河西史，鄭師主攻敦煌文獻，他們的治學領域對我影響甚大，以致於我至今仍然耕耘在敦煌學、河西史及魏晉隋唐史的學術領域，這讓我從內心裡無限地感激師恩。

二十世紀九〇年代中期，凡事簡約，環境安靜，是讀書求學的好時光。老師們也不像現在這樣忙碌，師生之間接觸極多。每週除了上課外，我還經常去老師家裡聆聽受教，這是現在的學生難以享受到的奢侈事情。入學之初，我抄錄了一冊《四庫全書總目》，作為自己讀研期間的閱讀指引。同時受齊老師的學術影響，我把漢宋之間的正史、《資治通鑑》等傳統史籍系統地通讀一過，算是積累了一點歷史學的基礎知識；對於敦煌文獻，我從閱讀鄭老師的《敦煌碑銘贊輯釋》、《敦煌地理文書彙輯校注》開始入手，如今每次翻閱被讀得韋編三絕的老師之書，就深深地感念老師對我初入敦煌學門檻的學術引領。那個時候，唐耕耦、陸宏基先生的《敦煌社會經濟文獻真跡釋錄》五卷本是能借到的最好的敦煌學書籍，伴隨著我的學術成長。

碩士階段，齊老師給我們這級碩士生開設了「歷史文獻學概論」、「敦煌學概論」、「河西史研究」等課程，鄭老師講授了「敦煌文獻校勘釋讀」課程，陸慶夫老師講授了「敦煌民族文書研究」、「吐魯番學概論」兩門課，特別是樓勁老師的「魏晉隋唐史專題」課特受大家的歡迎，竟然連續開設了兩個學期，當時那種時髦的、洋式的教學方式，對我們的學習是絕好的訓練。記得有一次在樓師家中深夜話談，直到子夜一點，他教誨我如何去閱讀魏晉南北朝正史，怎樣做筆記和思考學術問題，比如說「要用最能夠說明問題的材料，去說明最應該說明的問題」之觀點，至今我仍然深受教益。

老師們的課堂講授，自己對史籍與敦煌文獻的閱讀，使我得以在當年有著良好學術氛圍的環境裡，系統地學習了敦煌學、河西史與魏晉隋唐史等領域的知識。

碩士一年級時，我在鄭老師的指導下撰寫了論文《唐五代歸義軍政權對外關係中的使頭一職》，後來聯名發表在《敦煌學輯刊》一九九五年第一期上。雖然論文比較稚嫩，但在那個沒有電腦的年代，五易其稿、約十萬字一遍又一遍地修改抄寫，對我這個初學者來說無疑是一次很好的學術訓練。鄭老師為我提供敦煌文獻材料，指點我如何寫作，引導我走向敦煌學的學術之路。同年，我還獨立發表了一篇題為《河西商鎮話滄桑》的小論文，則是追隨齊老師研究河西史的初步嘗試。

一九九六年，我在齊老師的指導下，合作或獨立發表了《晚唐五代宋初歸義軍政權中「十將」及其下屬諸職考》、《唐五代歸義軍政權中隊職問題辨析》二文，試著對歸義軍基層軍隊中的武將制度進行初步探討。這時，鄭老師主持的國家社科基金九五規劃重點項目「唐五代宋初敦煌歸義軍史研究」獲得批准。聽他說，這個項目共分為政

治、官制、經濟、民族、宗教五卷，除官制外的四卷分別由齊、鄭、陸老師及杜斗城老師負責，並讓我承擔官制卷。當時我只是一個三年級碩士生，得列承擔重點項目，雖然感到壓力極大，恐難勝任，但也倍感榮幸，願意多加努力，這要特別感激鄭老師的信任、扶持和提攜。我在碩士求學階段發表的九篇論文，大多屬於敦煌學範圍，特別是對歸義軍官制的研究，碩士論文題為《歸義軍軍將考釋》，從初稿二十一萬字壓縮到了七點三萬字，主要是對史載缺略的武職軍將進行先期研究。

如今回憶廿年前的西北求學，我從一個懵懂無知的門外漢，能夠踏入敦煌學的門檻，並略窺河西史領域，是與兩位導師的悉心指導分不開的。

二

一九九七年，我碩士畢業後留校工作，被分配在歷史系中國古代史教研室。我擔任了一九九七級世界史的班主任，但不能給歷史系的本科生上課，只好給哲學系、新聞系的新生講授「中國通史」課程。翌年，我從中國古代史教研室轉到敦煌學研究所，當時所裡有七位老師，對我來說他們都是老師一輩，只有我一個年輕人。除了給外系上課、編輯《敦煌學輯刊》外，我的大部分時間都在自由讀書與寫作，希望能進一步夯實敦煌學、歷史學的基礎。

讀碩士的時候，敦煌所的資料室除上課外，平時都是鎖門的，當時只能從學校圖書館或歷史系資料室借閱書籍。就敦煌文獻而言，只能借到《敦煌社會經濟文獻真跡釋錄》與各種敦煌文獻整理本著作。調到敦煌所工作後，我才得以方便地在資料室看書。除了《敦煌寶

藏》、縮微膠卷外，從二十世紀九〇年代開始，世界各國所藏的敦煌文獻陸續影印出版，這為我進一步學習敦煌學提供了良好的資料條件。為了製作「敦煌官名索引」，我利用在資料室看書的便利，開始著手普查敦煌文獻。在參加工作的頭兩年裡，除了繼續發表一些歸義軍官制論文外，在敦煌學領域中我還撰寫了《P.3249 背〈軍籍殘卷〉與歸義軍初期的僧兵武裝》、《歸義軍時期敦煌縣諸鄉置廢申論》、《從敦煌吐魯番文書中的籍帳、契約等專項文書看三到九世紀絲綢之路上的法制氛圍》、《敦煌曹氏族屬與曹氏歸義軍政權》、《從敦煌文獻看歸義軍時代的吐谷渾人》等論文，後來陸續發表在《敦煌研究》、《歷史研究》、《蘭州大學學報》等刊物上。

　　一九九九年，蘭州大學與敦煌研究院聯合共建的歷史文獻學（含：敦煌學、古文字學）專業博士點獲得批准並開始招生。我考到鄭老師和施萍婷研究員的門下，在職攻讀博士學位。博士論文在歸義軍軍將的基礎上，自然延伸到包括文職僚佐、地方職官在內的整個歸義軍官制。讀博期間，雖然老師們不再上課，但敦煌學研究所被批准為教育部人文社會科學重點研究基地，經常聘請校外的學術名家來蘭州大學講學，如武漢大學陳國燦教授、首都師範大學郝春文教授、北京理工大學趙和平教授、中國文物研究所鄧文寬研究員、美國密歇根大學寧強教授等，講學時間多者月餘，少者一週。尤其是陳老師兩度來蘭講學，第二次遭逢二〇〇三年「非典」，講學結束後不得不繼續滯留蘭州，一直講到夏天，足足講授了一個學期的課程。感謝這些校外老師教給我們豐富的歷史知識、獨特的治學方法，讓偏處西北的蘭大學子開拓了學術視野，受益匪淺。另外，施老師在二〇〇〇年暑假帶領她指導的博士生參觀莫高窟，不顧年邁勞累，連續七天講解了九十七個洞窟，真是一道獨特的授課風景，至今我仍感念不已。

讀博士應該是專心致志的，雖然我是在職讀博，同時從事中國古代史方面的教學工作，但博士論文始終圍繞著歸義軍官制來進行，論題集中，自己也完全沉浸在敦煌學領域中的這個小圈子裡。二〇〇二年論文寫作完畢，但自己覺得不太滿意，加上學校研究生院希望我能延期答辯，以充分的時間寫好論文，所以我又申請延長了兩年。到二〇〇四年，我提交了博士論文《敦煌歸義軍職官制度——唐五代藩鎮官制個案研究》，申請答辯。論文分為歸義軍節度使、其他諸使、文職僚佐、武職軍將、地方職官等部分，通過對敦煌文獻所見各個官職的考證探討，儘可能地復原歸義軍藩鎮的職官制度，重現了以節度使為首的藩鎮幕府的文武僚佐及地方軍政職官的組織體系；同時以歸義軍為個案，結合唐朝的制度規定，考察唐宋之際藩鎮官制的一般狀況，以填補史籍對藩鎮官制記載的空白。論文對歸義軍職官所做的鉤稽考證，不僅是職官制度本身的需要，同時也對歸義軍歷史的研究有一定的推進作用。博士論文的同行評議與答辯，得到了榮新江、李正宇、姜伯勤、張國剛、朱雷、李並成教授等學界前輩的肯定和鼓勵，同時也指出了很多不足之處。我希望能借此向他們表達衷心的謝意，因為無論是鼓勵還是批評，都鞭策著我在學術道路上不斷地自我反思，進一步修改完善博士論文。

三

從一九九四年到二〇〇四年的十年間，從碩士到博士，我的求學之路主要圍繞著敦煌學特別是歸義軍官制這個中心來進行，這是因為學位論文必須專精集中所要求的。到博士畢業以後，我突然感覺到自己可以自由地探索學問了，可以拓寬一下學術領域，放手去寫一些篇

幅較大的、比較「過癮」的論文。二〇〇五年我申請去四川大學從事博士後研究，希望能到蜀中安靜讀書。感謝項楚教授欣然同意接受，但因為蘭州大學方面突然改變意見，入蜀之行遂成泡影。不久我獲得出國留學的機會，於二〇〇六到二〇〇七年到日本大阪大學跟隨荒川正晴教授從事博士後研究，同時接受森安孝夫教授的指導，終於獲得了寧靜而充實的讀書求學時光。

最近十年來，敦煌學依然是我學術耕耘的主要領域，只不過對歸義軍官制的研究加以深化，同時開展敦煌大族與地域社會的研究，以及對部分敦煌文獻的考證。歸結起來，主要從事以下四個方面的工作：

第一是繼續深化歸義軍官制研究，主要是從職官考證延伸到制度運作，注重從全國性的制度層面去看待歸義軍藩鎮的個案價值及侷限。

二〇〇五年，我承擔了教育部新世紀優秀人才支持計劃項目「敦煌官文書與唐五代地方政府的運作」，從制度運作的角度繼續研考歸義軍職官制度。收入本書的《歸義軍官吏的選任與遷轉》、《歸義軍鎮制考》二文，每篇都長達五萬多字。前者從辟署制與奏官制相結合的角度入手，以歸義軍藩鎮為個案，考察藩帥、幕府僚佐、地方職官的任命及其加官現象，將幕府使職與使職化的地方官及其加官作為一個官職的整體來進行考論，以揭明職、官二元一體的藩鎮選官制度。後者把歸義軍鎮制放在從十六國到五代鎮制演變的宏觀背景下去考察，在吸收和批判前人研究成果的基礎上對歸義軍諸鎮進行微觀考證，試圖徹底性地解決這一問題。此外，《歸義軍節度觀察使官印問題申論》也是一篇長文，從唐、五代、北宋中央王朝頒授給敦煌地方首腦的節度使、觀察使官印出發，窺探敦煌地方藩鎮政權的實際權力及其與中央王朝若即若離的複雜關係。該文是在森安孝夫教授的大作《河西歸義

軍節度使の朱印とその編年》的基礎上撰寫而成的，並對他的個別觀點提出了商榷意見，所以我才到日本大阪大學留學，此文曾於二〇〇七年五月十二日在大阪大學「出土文書ゼミ」上做過報告，得到了森安老師及其他師友的指教。

敦煌文獻邈真贊與敦煌石窟供養人往往帶有一長串的官銜，為了全面認識這些藩鎮幕府使職的職官特點，我考察了這些幕職所兼帶的檢校官、試官、兼官及其所兼使職，希望能從整體上去看待一個職官的各個方面。《論唐五代藩鎮幕職的帶職現象》、《晚唐五代藩鎮幕職的兼官現象與階官化述論》二文，主要利用傳世史籍、石刻碑誌與文集，兼參敦煌文獻，對藩鎮幕職的帶職、兼官等問題做了詳細考證。尤其是前文長達七萬多字，承蒙高田時雄教授的邀請，在京都大學人文科學研究所做過講演並收入他主編的《唐代宗教文化與制度》一書中。

對於一些僅靠敦煌文獻或者傳世史籍難以考明的具體職官，我盡可能地綜合史籍、文集、墓誌與敦煌文獻等多元史料，試圖有所印證發明。刊於《復旦學報》二〇一三年第六期的《唐五代參謀考略》即為其例。該文通過考察參謀一職後發現：如果沒有李涪在《刊誤》中所說的一段話，面對敦煌文獻中許多參謀編撰曆日的現象，就很難提綱挈領地抓住參謀職掌的變遷特徵，不易理出頭緒來；如果沒有敦煌文獻中的諸多例證，恐怕也難以清晰地理解李涪對參謀在唐代前後期職掌、地位的變遷論述，不易體察其中的深意。只有將傳世文獻與敦煌文獻有機地結合起來，有些看似棘手的問題才能得以很好地廓清。

總的來說，對歸義軍官制的深化研究，較為注重全國性的制度層面的考察，結合使用傳世史籍、石刻碑誌、文集與敦煌文獻等多元史料，從職官本身與制度運作的角度開展研究，力圖將宏觀研究與微觀

考證結合起來，將個案價值與普遍意義結合起來，以提升歸義軍官制在唐五代藩鎮官制中的典型意義。

第二是從大族的角度入手，去考察敦煌大族及其與河西、西域地區的關聯，希望能為研究中古時期世家大族及其與地域社會的關係提供一個個案例證。

從在《敦煌學輯刊》二○○五年第二期上發表《漢晉敦煌大族略論》開始，我陸續撰寫了《敦煌大族與前涼王國》、《敦煌大族與前秦、後涼》、《敦煌大族與西涼王國關係新探》、《敦煌大族、名士與北涼王國》等系列論文，集中探討漢至十六國時期的敦煌大族，特別是他們與五涼王國之間的關係。中古前期的敦煌及河西歷史，史料較少，但人名資料相對豐富，尤其是處在門閥世族時代，地方大族應該說是一個可資選取的研究切入點。對於五涼史來說，敦煌大族與政權關係特別密切，這一點似乎為他郡大族所不及，可謂獨樹一幟，最具代表性。通過對敦煌大族的剖析考論，可以發現他們內部並非鐵板一塊，有時存在著不同的政治分野。這一點糾正了前人所說的敦煌大族與五涼關係密切的籠統認識。這四篇論文原本分為前涼和十六國後期兩篇，但發表時因篇幅限制，不得不分作四篇，這次收入本書時整合為一篇，題作《敦煌大族與五涼王國》。

收入本書的《漢唐敦煌大族與西域邊防》，以及二○一三年赴臺灣成功大學參加「敦煌、吐魯番國際學術研討會」的論文《論中古時代敦煌、吐魯番家族間的關聯》，則對敦煌大族與西域地區的關聯做了初步考察。敦煌位於河西走廊的最西端，是經營西域的前沿基地，漢至十六國時期甚至直接管轄著西域。對於敦煌與西域的關係，過去研究極少或者說很籠統，特別是沒有能夠在資料上找出研究兩者關係的支撐點。因此，這兩篇論文在探索敦煌與西域世界的關聯方面，運用敦

煌、吐魯番文獻及傳世史籍等多種資料，打開了一扇窗口，從中可以真正認識到敦煌在經營西域方面所扮演的角色。

此外，我還與碩士生孔令梅合作，對中古敦煌家族的研究史進行了一番通盤性的整理，在《敦煌學輯刊》上分三次連載《漢宋間敦煌家族史研究回顧與述評》。通過總結、吸收和批判前人在敦煌家族史領域的研究成果，為自己的課題研究奠定了學術史基礎。孔令梅後來跟隨杜斗城教授攻讀博士學位，她的博士論文即以「敦煌大族與佛教」為題，畢業後任職於敦煌研究院。

可以說，敦煌大族既有中古門閥士族的一般性特點，又是研究敦煌地方社會的重要內容；既有其他地區無可比擬的資料優勢，又在河西走廊獨樹一幟，甚至影響到了西域地區。到了隋唐時期，以粟特為主的西域胡姓崛起於敦煌及河西走廊，使敦煌大族的內容更加豐富，充滿魅力。二〇一一年，我申請到國家社科基金項目「漢宋間敦煌大族研究」，相關的後續研究工作正在繼續中。

第三是對敦煌文獻進行文本研究，從二〇〇五年起陸續發表了《敦煌本〈國忌行香文〉及其相關問題》、《傳世本劉允章〈直諫書〉與敦煌本賈耽〈直諫表〉關係考辨》、《敦煌吐魯番文獻所見中古時代西北與東南的交往》、《Дх. 1335〈歸義軍都虞候司奉判令追勘押衙康文達牒〉考釋》、《法藏敦煌文獻 P.2207 Pièce1-4 考釋》等論文，刊於《出土文獻研究》、《蘭州學刊》、《魏晉南北朝隋唐史資料》等刊物及俄國、日本出版的論文集中；還與博士生白雪合作發表《略論敦煌吐魯番出土的東晉南朝文獻》、《敦煌本宋紹讀經題記及相關問題考釋》二文，刊於《東南文化》、《敦煌研究》上。這些論文的內容較為駁雜，大多隨興趣而寫，沒有聚焦的主題，有的甚至延伸到了吐魯番文獻。二〇一二年，我主持承擔了教育部哲學社會科學重大課題攻關項目「法藏

敦煌漢文非佛教文獻整理和研究」，目前正集中用力於整理與考釋法藏敦煌文獻的前五百號，為此我組織了「法藏敦煌文獻輪讀會」，每週一次定期進行文獻閱讀與討論。

第四是對歸義軍歷史的研究。由於藏經洞封閉於歸義軍晚期，所出土的敦煌文獻大多屬於歸義軍時期，莫高窟在歸義軍以後也漸趨衰落，所以學界對敦煌歷史的探索主要集中在歸義軍史，中外學者在這一領域的研究成果極多且細，頗為深入，特別是榮新江教授的大著《歸義軍史研究》是本領域中的權威性著作。該書出版至今將近廿年，各國藏敦煌文獻在最近廿餘年中陸續刊布，為了總結歸義軍史領域的既有成果，我受《敦煌講座》書系編委會的委託，撰寫了《敦煌的歸義軍時代》一書，在充分總結中外學界研究成果的基礎上，對唐宋之際歸義軍歷史進行了系統梳理，並在具體的考論中提出了個人的觀點，希望能為下一階段的研究提供一個再出發的新起點。

四

我在蘭州大學給本科生講授過「中國通史」、「中國古代史」、「中國古代史料學」、「隋唐五代史專題」、「《唐六典》導讀」、「歷史文獻學」、「中國歷史地理」、「絲綢之路歷史與現實」等課程，給博士、碩士研究生講授過「魏晉隋唐史專題」、「西北出土文獻與中古史研究」、「吐魯番學概論」等課程，就是沒有講過敦煌學，但這也恰恰拓寬了我的學術視野，促使我走出狹義的敦煌學，去關注全國性的研究課題，以及整個西北絲綢之路的研究。

從二〇〇四年起，我開始招收碩士生，雖然是敦煌學專業，但所招學生的研究範圍並不侷限於敦煌學，而是擴及整個西北地區乃至全

國。例如，第一批招收的聶葛明研究北朝譯經史，張善慶研究張掖馬蹄寺石窟；第二批招收的白雪研究黑水城文獻與西夏史，董華鋒先是學習吐魯番文獻，後來改而研究北石窟寺。從二〇〇八年起招收博士生也同樣如此，如第一批招收的白雪研究魏晉北朝河西走廊的少數民族，第二批招收的楊潔研究中亞貿易。我希望學生們的學習範圍能不囿於敦煌學，雖然跟他們自己的學習興趣有關，但也跟我提倡更為廣闊的學術視野這一指導思想密不可分。

我將研究目光從敦煌學轉向河西史，也是這一思路的自然延伸，更重要的是碩士時期的導師齊陳駿教授對我的學術指引。齊師精治河西史，出版過《河西史研究》、《五涼史略》、《西北通史》（第2卷）等著作，老師的治學範圍無疑對我產生了極為重要的學術影響。在齊師的指導下，我意識到要了解敦煌，必須了解河西走廊，了解整條絲綢之路，只有在廣闊的學術視野下才能對敦煌做出合理的認知。

早在二〇〇〇年，我就與齊老師合作發表論文《河隴文化與隋唐制度的淵源》。博士畢業以後，除了敦煌學之外，我將研究方向逐漸擴大到河西走廊及絲綢之路，特別是賡續齊師的學術傳統，對五涼史關注尤多。二〇〇五年是齊師七十大壽，我負責編輯老師的《西北通史》（第2卷）、《枳室史稿》等著作，以及《敦煌學輯刊》二〇〇五年第二期頌壽專刊。同時也參加了《西北通史》部分內容的前期寫作。從翌年起，我陸續發表了《五涼的儒學與佛教》、《唐新泉軍（守捉）考》、《歸去來兮：昭武九姓與河西郡望》、《絲綢之路與絲路貿易》、《隋代酒泉小考》、《河西走廊上的會稽與建康》、《粟特人與前涼王國》等論文，對河西走廊各地的軍政建制、宗教文化與粟特人等問題進行了初步探索。

當然，以上對河西史的研究還是比較分散的，比較集中的探討應

當是近年對河西走廊粟特人的研究。來自中亞的粟特人東遷入華以後，他們的後裔逐漸在隋唐京城長安與河西走廊各地形成了郡望，河西成了他們的第二故鄉，因此在學術研究上具有典型意義。除了在《內陸アジア言語の研究》第三十號上發表了《粟特人與前涼王國》一文外，從去年秋到現在，我先後撰寫了《北朝隋唐河西走廊時代格之一側面——外來民族、地域社會、國家權力交互影響下粟特人河西諸郡望的成立》、《五涼後期粟特人蹤跡考索》、《〈隋故燕山府鷹擊郎將曹慶珍墓誌銘〉考釋》、《甘肅粟特資料概述》等關於甘肅尤其是河西粟特人的系列論文，參加在上海、天津、敦煌、杭州等地的學術會議。一週前，我在日本東洋文庫做了題為「ソグド人と河西迴廊——資料と問題——」的學術講演，也是關於這個方面的。目前我正主持承擔蘭州大學中央高校「一帶一路」專項資金重點項目「絲綢之路商業民族——粟特人在甘肅的基礎數據調查與研究」，希望能對以河西走廊為重點的甘肅粟特人在資料上進行全面的蒐集與考證，為將來的進一步研究奠定基礎。

二〇〇七年留學回國後，我創建了「西北出土文獻與中古歷史研讀班」，每週或每兩週的週末定期閱讀敦煌、吐魯番、黑水城出土的文獻，至今已有八年了。其中在二〇一二年獲批教育部重大項目後，一度改名「法藏敦煌文獻輪讀會」，用於集中閱讀法藏敦煌文獻，二〇一四年又改回今名。研讀班吸引了甘肅各地的學者和研究生前來參加，大家互相討論，共同切磋，砥礪共進，其樂融融。由於研讀班大多討論的是西北出土文獻與河西歷史，我還倡議走出書齋，組織研究生及學術同行對西北絲綢之路進行野外考察，並將研讀班辦到了絲路沿線各地，比如二〇〇八年對河西、額濟納旗的考察，二〇〇九年對天水、甘谷、武山的考察，二〇一一年對甘肅、新疆的考察，二〇一二

年對河西、隴南的考察，二〇一三年對河西、吐魯番及中原內地的考察，二〇一四年對白銀、高臺、張掖的考察，二〇一五年對靖遠、河西的考察。這種讀書研討與實地勘察相結合的研習方式，加深了我們對河西史的實際認知與研究興趣。二〇一三到二〇一五年，我被任命為中國古代史研究所所長，又與所內同事及研究生共同創建了「中國古代史研討班」，以讀書班的方式研討論文新作，通過學術批判建立同仁間的學誼。在中國古代史研究所的三個科研方向中，有一個是「絲綢之路與內亞社會」，由我領銜，與諸位同仁一道研究西北、西南絲綢之路，至今已經編印了《絲綢之路與內亞社會》第一、二輯。這些都表明，我們的研究方向是基於以河西史為內核的西北、西南絲綢之路與內陸亞洲的廣域研究。

五

我今年四十二歲，前二十一年生活在江南浙江，是自己成長求學的初步階段；後二十一年生活在西北甘肅，從進一步求學到工作，逐漸邁進了學術研究的門檻。總的看來，我的學術領域是在敦煌學、河西史範圍內。在敦煌學的具體分野中，主要從事官制、大族、歸義軍史與敦煌文獻的研究。如果說敦煌是一顆璀璨的絲路明珠，那麼河西走廊就是絲綢之路的黃金段，我甚至希望自己將來的學術領域，能夠在更加廣闊的絲綢之路研究中，基於西北出土文獻與實地勘察而做出一點學術貢獻。

歸義軍官吏的選任與遷轉
──唐五代藩鎮選官制度之個案

　　唐五代的選官制度，在使職興起之後發生了重大的變化，那就是在原來的銓選制之外實行了辟署制。藩鎮幕府是使職體制的重要內容，藩帥可以自行辟署僚佐，並向朝廷奏薦授官，形成了職、官二元一體的新的選官制度。對於藩鎮治下的州縣官，雖然屬於地方職事官系統，理應由中央派任，但逐漸地為藩鎮所控制，常由藩帥差遣的幕府僚佐兼任，甚至直接進行辟署，它們也像幕佐一樣由藩帥向中央奏授加官，逐漸納入統一的職官制度中來。

　　學界對藩鎮官制的研究，圍繞職官設置、職掌考證、幕佐辟署等

方面已做了大量工作，基本上搞清了藩鎮的幕府體制及其僚佐系統。[1]
關於辟署制度，因其得人之盛而歷來備受矚目，研究成果頗豐；然而
可能是囿於史料，對藩鎮幕佐的辟任程序則探討未多，唯中村裕一運
用敦煌文獻與唐人文集中的授官牒作了初步考察。[2]其次，學者們過多
地注目於辟署制，探討的對象聚焦在幕職本身，對於它們兼帶的一長
串加官，以往多認為是虛銜，近年來逐漸改變了這一認識，並對這些
加官進行了深入的探究，但將幕佐及其加官作為同一職官的有機組成
部分來研究還有待深入。最後，在藩鎮體制之下，中央、藩鎮、州縣
的三角關係和州縣官的辟署化特徵，越來越受到學界的關注，但對州
縣官的加官現象仍缺乏應有的探討。因此，唐五代藩鎮選官制度的研
究，應該從職、官一體的視角，把辟署制與奏官制有機地結合起來，
對整套藩鎮職官制度進行聯動的考察。

　　茲以「選任與遷轉」為核心，注重從職官的辟任程序及遷轉這一
角度，來探討唐五代藩鎮的選官制度。具體的做法，是以建節於敦煌
的歸義軍（851-1030 年）為個案，運用這個藩鎮較為豐富的敦煌文獻、
石窟題記，結合傳世史籍、出土墓誌等，來開展研究工作。之所以這
麼做，主要考慮以下三點：第一，敦煌藏經洞出土的文獻和石窟中的
供養人題記，保存了一個藩鎮的大量職官史料。姜伯勤指出：「敦煌遺

1　關於這一領域的代表性成果，以周藤吉之《五代節度使の支配体制（上）（下）》（載
　　《史學雜誌》第 61 編第 4、6 號，1952 年）為發端，繼以嚴耕望《唐代方鎮使府僚佐
　　考》（收入嚴耕望《唐史研究叢稿》第三篇，新亞研究所 1969 年版，第 177-236 頁），
　　而以石雲濤《唐代幕府制度研究》（中國社會科學出版社 2003 年版）為總結。其他成
　　果參胡戟等主編《二十世紀唐研究》（中國社會科學出版社 2002 年版）相關部分的論
　　述。

2　〔日〕中村裕一：《唐代官文書研究》第四章第一節「藩鎮の幕職・軍職補任文書」，
　　中文出版社 1991 年版，第 283-308 頁；《唐代公文書研究》第四章第一節「牒式補任
　　文書」，汲古書院 1996 年版，第 135-138 頁。

書中所保存的歸義軍使衙職官史料，提供了研究唐末五代宋初一個方鎮的職官體制的詳情的極佳資料。」[3]可以說，其他地區沒有哪個藩鎮具有像歸義軍這麼豐富而集中的職官史料。第二，敦煌文獻中有許多藩鎮官吏的辟任文書，有的還是當時的正式公文，保留了原件格式及簽押、鈐印等，具有第一手的性質，生動直觀地展現了藩鎮選官制度的實際面貌。第三，歸義軍始設於晚唐，延續至五代、北宋，藩鎮官制發育得極為成熟，尤其是藩鎮官吏兼帶加官的氾濫現象非常典型，深刻地反映了唐宋之際官制轉型的特點。

　　當然必須注意到，以歸義軍為個案的研究，也存在著明顯的侷限。第一，歸義軍所處的歷史階段，中原政權更迭頻繁，無暇西顧；而歸義軍偏處西陲，中有吐蕃、回鶻、党項等勢力阻隔，河西文人無法參加正常的中原科舉，內地仕子亦多不願西來做官，故歸義軍官吏的選任與遷轉基本上是在本地人中間進行，而與中原官界關聯甚少，其所兼帶的加官原本所具有的在中原王朝官制遷轉中的意義，也因之失去。第二，歸義軍名義上以藩鎮的面貌出現（除短暫的西漢金山國與敦煌國外），奉中原王朝為正朔，節度、觀察使及其加官需由中央任命，下屬官吏的加官亦由藩帥向朝廷奏授；但歸義軍是個獨立性很強的區域政權，正史中或將其附尾於《吐蕃傳》，或是直接列在《外國傳》，其藩帥大多世襲自立，甚至不待朝命而自行加官晉爵，經常逸出中央的政令之外，故歸義軍在很大程度上只反映了割據型藩鎮的特點，而不能作為所有藩鎮的代表。

　　明白以上利弊，對本文選作個案的歸義軍之性格就會有個客觀的認識，它與中原藩鎮相比，在官吏的選任與遷轉上既有較多的共通

3　姜伯勤：《敦煌社會文書導論》，新文豐出版公司1992年版，第130頁。

性，又有一定的差異性。這是我們在探討藩鎮選官制度時所應注意的。

一、藩帥及其加官

　　如上所論，歸義軍基本上宗奉於中原王朝，以一個藩鎮的面貌出現，那麼作為藩帥的節度、觀察使，以及他們兼帶的各種官爵，按理均需由中央政府頒布官告，予以正式任命；但是，由於歸義軍處在晚唐、五代、宋初的亂世階段，中央朝命與地方自治之間存在著一定的脫節，歸義軍藩帥在未得朝命的情況下，往往在境內世襲自稱，或者自行加封官爵，然後再求得中央的承認。這使得歸義軍的職官制度呈現出較為複雜的雙重性格，這種情況在晚唐五代其他一些割據型藩鎮也同樣存在。

（一）節度觀察使的世襲與朝命

　　唐制規定：「節度使掌總軍旅，顓誅殺。初授，具帑抹兵仗詣兵部辭見，觀察使亦如之。辭日，賜雙旌雙節。」[4] 按理，節度、觀察使是由中央向地方派任的，但歸義軍從反抗吐蕃的斗爭中歸附唐朝，首任節度、觀察使授予了抗蕃領袖、敦煌土豪張議潮，對於這樣的藩帥任命，自然無法像上述制度規定的那樣到尚書省兵部辭見，從中央到地方赴任，而只能由天廷使節遠道來到敦煌，賜予旌節、官告與印章。[5] 早在開元十五年（727）十月，唐玄宗發布敕文：「諸道遙授官，自非

4　《新唐書》卷四九下《百官志四下》，中華書局 1975 年版，第 1309 頁。

5　吳麗娛：《晚唐五代中央地方的禮儀交接——以節度刺史的拜官中謝、上事為中心》（載盧向前主編《唐宋變革論》，黃山書社 2006 年版，第 250-261、268-270 頁）既討論了節度使入閣拜謝皇恩的中謝之儀，又論及在地方上的節度使獲授旌節、官告後所上謝表之儀。

路便，即不須赴謝。」[6]唐後期五代，中朝天使外出宣命的例子頗為多見，如元和元年（806）平定西川劉闢，憲宗問：「朕遣中使送旌節、官告，何故不受？」[7]大順元年（890）宰相張浚東討太原，任命孫揆為昭義軍節度使，「時中使韓歸范押揆旌節、官告送至行營」，[8]史籍中也出現了「官告使」、「送誥身使」等職。[9]在敦煌文獻中，也有「沙州旌節官告使」、「旌節官告國信使副」、「沙州官告國信判官」等。[10]S.3399《雜相賀語》首篇《賀本使語》云：「鳳闕知邊□重，□□□□詔書，內臣親臨」，講的是中朝天使來到邊陲藩鎮為節度使授職，次篇為《參天使語》；根據後面的《賀天公主語》及「出塞」、「西臨」、「三危」等語，可知是曹氏歸義軍時的作品。無論是中央派出赴任的藩帥，或者是對地方實權人物的授職，均需有中央頒發的官告。

通過藤枝晃、榮新江的研究可知，歸義軍藩帥一直由張、曹二氏相世襲，張氏後期索、李兩家一度篡奪權位，然他們都是敦煌本地

6　王溥：《唐會要》卷二五《雜錄》，中華書局 1955 年版，上冊，第474頁。

7　《舊唐書》卷一四〇《韋皋附劉闢傳》，中華書局 1975 年版，第 3828 頁。

8　《舊唐書》卷二〇上《昭宗紀》，第 742 頁。

9　參何汝泉：《唐代使職的產生》，載《西南師範大學學報》1987 年第 1 期；寧志欣：《唐朝使職若干問題研究》，載《歷史研究》1999 年第 2 期。

10　分別見 S.688v、P.4065、P.3438v。本書所引敦煌文獻較多，英、法、俄國所藏者皆參中國社會科學院歷史研究所、中國敦煌吐魯番學會敦煌古文獻編輯委員會、英國國家圖書館、倫敦大學亞非學院編《英藏敦煌文獻（漢文佛經以外部分）》第 1-14 卷，四川人民出版社 1990-1995 年版；上海古籍出版社、法國國家圖書館編《法藏敦煌西域文獻》第 1-34 冊，上海古籍出版社 1995-2005 年版；俄羅斯科學院東方研究所聖彼得堡分所、俄羅斯科學出版社東方文學部、上海古籍出版社編《俄藏敦煌文獻》第 1-17 冊，上海古籍出版社 1992-2001 年版。以下恕不一一註明。

人，且為張氏之姻親。[11]這一點雖與非割據型藩鎮的長官選任不同，[12]但歸義軍仍極看重唐、五代、宋、遼諸朝的正式任命，希望藉助中央權威來統治河西地方。

八四八年張議潮起兵逐蕃、收復失地的消息，於八五〇年年底傳到唐都長安，翌年初唐宣宗任命他為沙州防禦使，[13]旋升為瓜沙伊等州節度使。[14]據唐宣宗的《實錄》記載，「十一月，建沙州為歸義軍，以張議潮為節度使，河、沙等十一州觀察、營田、處置等使」，[15]這毫無疑問是唐中央的正式任命。作為節度使權力的象徵，旌節、官告、印章均得自於唐廷。《張淮深碑》亦云：「便降騧騎，使送河西旌節」，[16]莫高窟第一五六窟南壁張議潮出行圖中繪出了雙旌雙節（圖1-1）。[17]不過，目前在敦煌文獻中尚未發現張議潮的官告與節度使印蛻，鈐於 P.

11　〔日〕藤枝晃：《沙州歸義軍節度使始末（一）～（四）》，載《東方學報》（京都）第 12 冊第 3 分，1941 年；第 4 分，1942 年；第 13 冊，第 1 分，1942 年；第 2 分，1943 年。榮新江：《歸義軍史研究──唐宋時代敦煌歷史考索》，上海古籍出版社 1996 年版。

12　李文瀾：《從唐代地方長官的選任看中央與地方的政治關係──以山南荊楚為例》（載武漢大學中國三至九世紀研究所編《魏晉南北朝隋唐史資料》第 19 輯，武漢大學文科學報編輯部，2002 年）以山南東、荊南、鄂岳三道為例，考察了唐中央對非割據型藩鎮的長官任命。

13　蘇瑩輝：《敦煌學概要》，五南圖書出版公司 1988 年版，第 139 頁；馮培紅：《敦煌的歸義軍時代》，甘肅教育出版社 2003 年版，第 48-49 頁。

14　《舊唐書》卷一八，下《宣宗紀》，第 629 頁。

15　《資治通鑑》卷二四九，唐宣宗大中五年（851）條胡三省注引《實錄》，中華書局 1956 年版，第 8049 頁。

16　由 S.3329、S.6161、S.6973、S.11564、P.2762 等號綴合的文書，榮新江《敦煌寫本〈敕河西節度兵部尚書張公德政之碑〉校考》（載《歸義軍史研究》，第 399-410 頁）定名為《敕河西節度兵部尚書張公德政之碑》，本書簡稱為《張淮深碑》。

17　敦煌文物研究所編：《中國石窟　敦煌莫高窟》第 4 卷，文物出版社、株式會社平凡社 1987 年版，圖版 131、133；並參暨遠志：《張議潮出行圖研究──兼論唐代節度使旌節制度》，載《敦煌研究》1991 年第 3 期。

▲ 圖 1-1　莫高窟第一五六窟南壁張議潮統軍出行圖（部分）

t.1081（P.3527）《歸義軍尚書吐蕃文牒》後部的「河西道觀察使印」，據森安孝夫考證，牒中「鼠年」為八五六年，是議潮擔任河西道十一州觀察使的證據。[18]

　　張議潮之後的諸任藩帥，由於世襲其職或奪位自任，無一例外均先在境內自稱節度使或留後，然後尋求中央政府的承認。他們大部分得到了中原王朝的正式官告，唯張淮鼎、曹延恭因在位時間短暫而未獲正命。

　　眾所周知，張淮深雖然在八六七年就開始代掌藩鎮，卻在很長時間內未獲唐朝旌節。直到被殺前一年多，亦即文德元年（888）十月十五日，新上臺的唐昭宗才派遣宦官宋光庭為押節大夫，取道朔方，把旌節送到了敦煌。此事失載於晚唐時代的各種史書，幸運的是可證於日本京都藤井有鄰館藏敦煌文獻：

18　〔日〕森安孝夫：《河西帰義軍節度使の朱印とその編年》，載《內陸アジア言語の研究》XV，2000 年，pls.II、XI。

　　旌節：文德元年十月十五日午時入沙州，押節大夫宋光庭，副使朔方押牙康元誠，上下廿人。十月十九日中館設後，廿日送。[19]

　　從此後的一些敦煌文獻上所鈐印蛻還可推知，伴隨著這次旌節所授的官告，淮深的藩帥職銜應為沙州節度使、沙州觀察處置使。[20]

　　八九〇年沙州發生政變，經過張淮鼎的短暫統治之後，其姊夫索勛篡權上臺。《大唐河西道歸義軍節度索勛紀德之碑》（以下簡稱《索勛碑》）云：「於時景福元祀（892）白藏無射之末，公特奉絲綸，就加（後缺）」，所加官銜題名殘缺，應為歸義軍節度使或其加官。到九〇〇年，唐昭宗繼續任命張承奉為「歸義節度、瓜沙伊西等州觀察處置押蕃落等使」。[21]在得到官告的同時，承奉也獲得了旌節，P.2594v + P.2864v《白雀歌並進表》云：「文通守節白如銀，出入王宮潔一身。……白銀槍懸太白旗，白虎雙旌三戟枝」，文通即 P.2482《羅盈達墓誌銘並序》中的「次兄，節院軍使文通」，負責掌管旌節。又 P.4640v《己未至辛酉年（899-901）歸義軍軍資庫司布紙破用曆》云：「十日，用　節，支都押衙齊加閏粗紙兩帖」，這裡的「節」即旌節，該字前有空闕，以示對旌節的尊重。

　　經歷了唐朝的覆亡和西漢金山國、敦煌國之後，曹議金在五代初

19　彩色圖版見東京古典會編《古典籍下見展觀大人札會目錄》，東京古典會 1990 年版，第 40 頁；黑白圖版及文字見榮新江《初期沙州歸義軍與唐中央朝廷之關係》，載黃約瑟、劉健明編《隋唐史論集》，香港大學亞洲研究中心 1993 年版，第 114 頁。

20　〔日〕森安孝夫：《河西歸義軍節度使の朱印とその編年》，載《內陸アジア言語の研究》XV，2000 年，pls.III、IV、XII。

21　《舊唐書》卷二〇，上《昭宗紀》，第 768 頁。據楊秀清《光化三年（900）張承奉領節事鉤沉》（載《敦煌研究》2005 年第 1 期）考證，頒宣詔制的唐朝使節及朔方廓大夫，直到次年二月十五日左右才抵達敦煌。

重建歸義軍。儘管宋元修史者及今人都強調了曹氏歸義軍的獨立性格，[22]但直至北宋，它一直以一個藩鎮的角色與中原王朝保持著不絕如縷的連繫。

　　曹氏歸義軍首任藩帥曹議金曾通貢於後梁，朝廷使節也到過敦煌，[23]甚至有學者推測後梁給議金授賜了旌節，[24]惜在傳世史籍中未能見到授予節度使的記載。[25]到後唐同光二年（924）五月「乙丑，以權知歸義軍留後曹議金為歸義軍節度使、沙州刺史、檢校司空」，[26]此事在《冊府元龜》中記載頗詳，而且還記錄了四年（926）正月，「沙州節度使曹議全（金）進謝賜旌節、官誥」諸貢品。[27]此後繼位的長子曹元德，直到去世數月之後，他世襲的節度使之職才被後晉高祖所認

22　《新五代史》卷七四《四夷附錄三》「吐蕃」條，中華書局 1974 年版，第 915 頁；《宋史》卷四九〇《外國六·沙州傳》，中華書局 1985 年版，第 14123-14124 頁。榮新江《歸義軍史研究》「前言」，第 1-2 頁；〔日〕藤枝晃《沙州歸義軍節度使始末（四）》，載《東方學報》（京都）第 13 冊，第 2 分，1943 年；馮培紅《敦煌的歸義軍時代》「結語　歸義軍的性格：從藩鎮到王國」，第 457-458 頁。

23　李正宇：《曹仁貴歸奉後梁的一組新資料》，載《魏晉南北朝隋唐史資料》第 11 輯，武漢大學出版社 1991 年版；《曹仁貴名實論——曹氏歸義軍創始及歸奉後梁史探》，載《第二屆敦煌學國際研討會論文集》，漢學研究中心編印，1991 年，第 551-569 頁。

24　鄭雨：《莫高窟第九十八窟的歷史背景與時代精神》，載《九州學刊》第 4 卷第 4 期，1992 年；榮新江《關於曹氏歸義軍首任節度使的幾個問題》，載《敦煌研究》1993 年第 2 期。

25　楊寶玉、吳麗娛：《梁唐之際敦煌地方政權與中央關係研究——以歸義軍入貢活動為中心》（載《敦煌學輯刊》2010 年第 2 期）考論曹氏歸義軍始終未能成功朝梁，更勿論授予節度使之職。馮培紅《敦煌的歸義軍時代》第八章第一節「曹議金致力通貢後梁」（第 270-278 頁）亦持此說，並指出後梁使臣曾西臨敦煌，給曹議金加官晉爵，只是未授予節度使旌節。

26　《舊五代史》卷三二《唐書·莊宗紀六》，中華書局 1976 年版，第 436 頁。

27　王欽若等《冊府元龜》卷一六九《帝王部·納貢獻》、卷一七〇《帝王部·來遠》，中華書局 1960 年版，第 2 冊，第 2036、2057 頁。

可。[28]次弟元深在九四三年被晉廷「加檢校太傅，充沙州歸義軍節度使」，[29]可貴的是，敦煌文獻中保存了他向後晉少帝所上的 P.4065《歸義軍節度使曹元深上後晉朝廷謝賜旌節官告表》：

　　臣某言：旌節官告國信使、副某至，奉宣聖旨，賜臣手詔一封。贈臣亡父官告一道、告弟（身）一道、焚黃一道，故兄贈太保官告一道、告弟（身）一道、焚黃一道者。澤降丹霄，恩及下土。……謹奉表以聞。誠惶誠恐，頓首謹言。具銜某官姓名等上表。

該表為草稿，後面連抄了另外兩表。據李正宇考證，此表為曹元深所上。[30]後晉派遣「旌節官告國信使副」，給他送來了節度使旌節、官告。

　　九四六年，曹元忠先被後晉任命為歸義軍節度觀察留後，並鑄賜了該枚印章；[31]九五五年，又從後周獲得了正式的節度使旌節、官告及印章：

　　世宗顯德二年（955）正月，沙州留後曹元忠、知瓜州軍州事曹元（延）恭各遣使進方物。以元忠為歸義軍節度使、簡較（檢校）太保、同平章〔事〕，以元（延）恭為瓜州團練使，仍各鑄印以賜之，皆旌其

28　《舊五代史》卷七九《晉書・高祖紀五》記載，天福五年（940）「二月丁酉朔，沙州歸義軍節度使曹議金卒，贈太師，以其子元德襲其位」，第 038 頁。

29　《舊五代史》卷八一《晉書・少帝紀一》，第 1075 頁。

30　李正宇：《歸義軍曹氏「表文三件」考釋》，載《文獻》1988 年第 3 期。

31　《舊五代史》卷八四《晉書・少帝紀四》記載，開運三年（946）三月「庚申，以瓜州刺史曹元忠為沙州留後」，第 1114 頁；S.4398《後漢天福十四年（949）五月新授歸義軍節度觀察留後曹元忠獻硇砂砑牒》及所鈐「歸義軍節度觀察留後印」。參森安孝夫《河西帰義軍節度使の朱印とその編年》，載《內陸アジア言語の研究》XV，2000 年，pls.VI、XIII。

來王之意也。[32]

　　從該年以後的敦煌文獻上所鈐印蛻可知，這枚新鑄賜的印章為「歸
義軍節度使新鑄印」（圖 1-2），森安孝夫還考證出與之配套使用的「瓜
沙等州觀察使新印」（圖 1-3）。[33]北宋初，曹元忠又得到了宋朝的承認
與加封。[34]九八〇年，元忠去世的消息傳到宋都開封，此時其子延祿權
知留後，宋太宗遂「授延祿歸義節度使」，[35]據敦煌文獻所鈐印蛻可知，
宋朝鑄賜了一枚「歸義軍節度使之印」。[36]一〇〇二年，宋廷得知沙州
發生政變，延祿「為從子宗壽所害，宗壽權知留後，而以其弟宗允權
知瓜州。表求旌節，乃授宗壽節度使」。[37]大中祥符七年（1014）四月
「甲子，以歸義軍留後曹賢順為歸義軍節度使」；[38]到天聖元年（1023）
閏九月，「歸義節度使曹賢順遣使來貢方物，謝大中祥符七年旌節之賜
也」。[39]值得注意的是，就在賢順被宋朝任命為節度使的當月，他又遣

32　王欽若等：《冊府元龜》卷一七〇《帝王部・來遠》，第 2 冊，第 2059-2060 頁。

33　〔日〕森安孝夫：《河西帰義軍節度使の朱印とその編年》，載《內陸アジア言語の
　　研究》XV，2000 年，pls.VII、VIII、XIV。

34　《宋會要》卷五七七〇《蕃夷志》「瓜沙二州」條，見徐松輯《宋會要輯稿》第一九
　　八冊《蕃夷五》，中華書局 1957 年版，第 7767 頁。

35　《續資治通鑑長編》卷二一，宋太宗太平興國五年（980）條，中華書局 1992 年版，
　　第 474 頁。

36　〔日〕森安孝夫：《河西帰義軍節度使の朱印とその編年》，載《內陸アジア言語の
　　研究》XV，2000 年，pls.IX、XV。

37　《宋史》卷四九〇《外國六・沙州傳》，第 14124 頁。

38　《宋史》卷八《真宗紀三》，第 156 頁。

39　《續資治通鑑長編》卷一〇一，宋仁宗天聖元年（1023）條，第 2337 頁。

使入貢於遼，[40]其節度使之職也得到了遼朝的承認。[41]

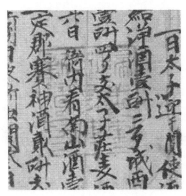

▲ 圖 1-2　歸義軍節度使新鑄印　　　▲ 圖 1-3　瓜沙等州觀察使新印

　　綜上所述，這些世代相襲的歸義軍藩帥，除了執政較短的張淮鼎、曹延恭外，都得到了中原王朝的正式任命，獲得了旌節、官告與印章，這體現了歸義軍既有獨立割據的一面，又仰賴於中央王朝的雙重性格。

（二）藩帥加官的授任與遷轉

　　使職無品秩，必須加帶其他官爵才構成一個完整的職官。洪邁《西漢以來加官》提到「唐有檢校官、文武散階、憲銜，乃此制也」，[42]其實唐五代藩鎮幕職的加官並不止洪氏所説的檢校官、散官、兼官（即憲銜）三種，還包括試官、勛官及封爵、食邑、實封、功臣號、章服等。

　　對幕職加官中的檢校官、試官、兼官，學界已取得了一些研究成

40　《遼史》卷一五《聖宗紀六》記載，開泰三年（1014）四月「乙亥，沙州回鶻曹順遣使來貢」，中華書局 1974 年版，第 175 頁。

41　《遼史》卷一二《聖宗紀三》、卷一六《聖宗紀七》，第 131、185 頁。

42　洪邁：《容齋隨筆》之《容齋五筆》卷二，中華書局 2005 年版，下冊，第 847 頁。

果。[43]就藩帥的加官而言，探討最成功的個案莫過於榮新江的《沙州歸義軍歷任節度使稱號研究》，該文主要從敦煌文獻、石窟題記中的歸義軍藩帥之檢校官入手，兼及少量兼官、將軍號、王爵，對歷任節度使的加官稱號進行系統考證，考察了他們的授任與升遷，從而確立了節度使的卒立世系。[44]故此，本文對歸義軍藩帥的加官不擬贅考，只就中原史籍所載唐五代宋遼諸朝授予歸義軍藩帥的加官略作敘論。毫無疑問，相比於敦煌本地的出土文獻，中原王朝編撰的傳世史籍更具有權威性。

《唐會要》卷七一《州縣改置下·隴右道》「沙州」條記載大中五年（851）：

至十一月，除議潮檢校吏部尚書、兼金吾大將軍，充歸義節度、河沙甘肅伊西等十一州管內觀察使。[45]

43　松島才次郎《唐代に於ける「使」の本官について》（載《信州大學教育學部紀要》第 19 號，1968 年）最早討論了包括節度使在內的一些使職的本官，指出節度使的本官為都督府的都督或長史、州刺史（郡太守），同時多兼御史臺長貳官員；張國剛《唐代階官與職事官的階官化論述》（載《中華文史論叢》1989 年第 2 期）從階官化的角度，考察了散官及藩鎮幕職所帶的檢校官、試官、兼官；金宗燮《唐五代幕職官的任用與功能》（載《東洋史學研究》第 71 輯，2000 年）也論及了文職僚佐所帶檢校官、試官、兼官的功能。比較集中的探討見賴瑞和《論唐代的檢校官制》，載《漢學研究》第 24 卷第 1 期，2006 年；張東光《唐代的檢校官》，載《晉陽學刊》2006年第 2 期；馮培紅《論唐五代藩鎮幕職的帶職現象——以檢校、兼、試官為中心》，載高田時雄主編《唐代宗教文化与制度》，京都大學人文科學研究所 2007 年版，第 133-210 頁；朱溢《論晚唐五代的試官》，載《國學研究》第 19 卷，北京大學出版社 2007 年版。

44　榮新江：《沙州歸義軍歷任節度使稱號研究（修訂稿）》，載《敦煌學》第 19 輯，「中國文化大學」中國文學研究所敦煌學會，1992 年。

45　王溥：《唐會要》卷七一《州縣改置下·隴右道》，下冊，第 1269 頁。

可知唐宣宗在任命張議潮為藩帥的同時，就給他授予了檢校吏部尚
書、兼金吾大將軍等加官。又《資治通鑑》卷二五〇記載唐懿宗咸通
八年（867）：

　　二月，歸義節度使張議潮入朝，以為右神武統軍。[46]

《張淮深碑》亦載，八六七年議潮「束身歸闕，朝廷偏寵，官授司徒，
職列金吾，位兼神武」，後面有雙行小字注曰：「司徒自到京師，官高
一品，兼授左神武統軍，朝廷偏獎也」；P.4615 +P.4010v《李明振墓誌》
稱其岳父議潮官「拜左神武統軍、兼司徒、贈太保」。儘管《資治通鑑》
中右神武統軍之「右」字在敦煌碑銘抄本中多寫作「左」，[47]但神武統
軍及檢校司徒、太保等加官必為唐廷所授無疑。到張氏歸義軍後期，
《舊唐書》卷二〇上《昭宗紀》記載光化三年（900）八月：

　　己巳，制：前歸義軍節度副使、權知兵馬留後、銀青光祿大夫、
檢校國子祭酒、監察御史、上柱國張承奉為檢校左散騎常侍、兼沙州
刺史、御史大夫，充歸義節度、瓜沙伊西等州觀察處置押蕃落等使。

張承奉此前所帶的加官不知是否為唐昭宗所授，但此時得到了唐朝的
認可，而且在任命節度、觀察使的同時，又新升了檢校官、兼官的品

46　《資治通鑑》卷二五〇唐懿宗咸通八年（867）條，第 8117 頁。本書所引正史及《資
　　治通鑑》、《續資治通鑑長編》，皆使用中華書局標點本，凡正文中標出者，皆不再出
　　注。

47　莫高窟第九十八窟供養人題記張議潮的職銜中有「授右神□（武）將軍」，雖寫作
　　「右」，但「統軍」卻書作「將軍」，見敦煌研究院編《敦煌莫高窟供養人題記》，文
　　物出版社 1986 年版，第 32 頁。

階。

　　由於唐末黃巢起義軍攻陷長安，保存在京城的史料散佚嚴重，所以對張氏歸義軍的記載缺略甚多；到了五代、宋、遼，傳世史籍對曹氏歷任藩帥的授官記錄則保存較好。在《舊五代史》的《唐書》、《晉書》中，凡四次記錄了後唐、後晉授予曹氏歸義軍首任藩帥曹議金官爵的情況：

　　(1)〔同光二年（924）五月〕乙丑，以權知歸義軍留後曹議金為歸義軍節度使、沙州刺史、檢校司空。

　　(2)〔天成三年（928）五月〕辛亥，沙州節度使曹議金加爵邑。

　　(3)〔長興二年（931）正月〕丙子，以沙州節度使曹議金兼中書令。

　　(4)〔天福五年（940）〕二月丁酉朔，沙州歸義軍節度使曹議金卒，贈太師。[48]

議金的加官有檢校司空、兼中書令、太師，還有「爵邑」。上列第(2)條史書原文為「辛亥，沙州節度使曹議金加爵邑。王晏球上言，收奪得定州北、西二關城」。蘇瑩輝斷句成「沙州節度使曹議金加爵邑王」，誤認為議金被後唐明宗加封了王爵。[49]王晏球是後梁、後唐名將，兩《五代史》皆有傳。九二八年議金被後唐加封爵邑，應是指其封爵從譙

48　《舊五代史》卷三二《唐書・莊宗紀六》、卷三九《唐書・明宗紀五》、卷四二《唐書・明宗紀八》、卷七九《晉書・高祖紀五》，第 436、538、575、1038 頁。

49　蘇瑩輝：《敦煌文史藝術論叢》之《瓜沙史事述要》、《瓜沙曹氏稱「王」者新考》、《從幾種敦煌資料論張承奉、曹議金之稱帝、稱王》，新文豐出版公司 1987 年版，第 88、97、152 頁。

郡開國侯升為譙郡開國公，並增加了食邑的戶數。[50]

　　兩《五代史》記載曹元德為歸義軍節度使，但均未提到他的加官，而 P.4065《歸義軍節度使曹元深上後晉朝廷謝賜旌節官告表》云：「故兄贈太保官告一道、告弟（身）一道、焚黃一道者」，證實了後晉少帝給元德追贈了太保。《舊五代史》的《晉書》、《周書》記錄了五代朝廷給曹元深、曹元忠授予的官職，其中涉及加官的有：

　　(1)〔天福八年（943）正月〕庚寅，沙州留後曹元深加檢校太傅，充沙州歸義軍節度使。

　　(2)〔顯德二年（955）五月〕戊子，以沙州留後曹元忠為沙州節度使、檢校太尉、同平章事。[51]

元深的加官中，提到了檢校太傅。元忠在任留後時，雖未言加官，然 S.4398《後漢天福十四年（949）五月新授歸義軍節度觀察留後光祿大夫檢校司空兼御史大夫譙縣開國男食邑三百戶曹元忠獻硇砂牒》前後均題署了這一官爵，這是他向後漢朝貢的正式牒文，後部還鈐有一枚「歸義軍節度觀察留後印」。榮新江指出，元忠的檢校官在這一年從太傅降至司空，「據『新授』二字，這個新結銜是從中原王朝剛剛得到的」。[52]到九五五年，他被後周太祖正式任命為節度使，其檢校官進一

50　參馮培紅：《敦煌曹氏族屬與曹氏歸義軍政權》，載《歷史研究》2001 年第 1 期。

51　《舊五代史》卷八一《晉書‧少帝紀一》、卷一一五《周書‧世宗紀二》，第 1075、1531 頁。

52　榮新江：《沙州歸義軍歷任節度使稱號研究（修訂稿）》，載《敦煌學》第 19 輯，1992 年。

步升遷為太保。[53]

　　在《宋史》、《遼史》本紀中，大多只提到歸義軍節度使，而很少言及他們的加官，蓋因此時這些加官已經貶值至甚，不如幕職那麼實用而重要。《宋史》卷四九〇《外國六・沙州傳》記載，曹元忠於「建隆三年（962），加兼中書令」，此次加官的制文在《宋會要》卷五七七〇《蕃夷志》「瓜沙二州」條中有收錄：

　　三年正月，制：推誠奉義保塞功臣、歸義軍節度、瓜沙等州觀察處置管勾營田押藩（蕃）落等使、特進、檢校太傅、同中書門下平章事、沙州刺史、上柱國、譙郡公、食邑一千五百戶曹元忠，可依前檢校太傅、兼中書令、使持節沙州諸軍事、行沙州刺史，充歸義軍節度使、瓜沙等州觀察處置管勾營田押藩（蕃）落等使，加食邑五百戶、實封貳伯戶，散、官、勳如故。[54]

在後周授予節度使、檢校太保、同平章事之後，元忠是否繼續得到加官（如功臣號、特進、檢校太傅等），尚無傳世史料記載，但至少在宋初得到了朝廷的承認，並給他加兼中書令，又加封了食邑、實封數。九七四年元忠卒，宋太宗於太平興國五年（980）「四月丁丑，詔贈元忠敦煌郡王」，[55]同時頒布《沙州曹延祿拜官制》：

53　王欽若等：《冊府元龜》卷一七〇《帝王部・來遠》作「簡較（檢校）太保、同平章事」，第 2 冊，第 2059 頁。又參榮新江：《沙州歸義軍歷任節度使稱號研究（修訂稿）》（載《敦煌學》第 19 輯，1992 年）分析，取太保說。

54　徐松輯：《宋會要輯稿》第一九八冊《蕃夷五》，第 7767 頁。

55　《續資治通鑑長編》卷二一，宋太宗太平興國五年（980）條，第 474 頁。

權歸義軍節度兵馬留後、金紫光祿大夫、檢校司空、兼御史大夫、上柱國、譙郡男曹延祿，義勇立身，忠貞挺志。……可檢校太保、沙州刺史，充義勇軍節度使、瓜沙等州觀察處置營田押蕃落等使。[56]

延祿原先的留後及加官，據《續資治通鑑長編》卷二一「其子延祿自稱權節度兵馬留後」一語，知是他在境內的自稱，此時被正命為藩帥，並提升了檢校官。「至道元年（995）三月，延祿遣使朝貢，制加特進、檢校太尉。……〔咸平〕四年（1001），制進封延祿譙郡王」，文散官、檢校官、王爵不斷得到升遷。翌年（1002）八月，延祿被族侄宗壽發動政變所害的消息傳到宋都開封，宋真宗「乃授宗壽金紫光祿大夫、檢校太保、使持節、沙州刺史、兼御史大夫、歸義軍節度、瓜沙等州觀察處置押蕃落等使，封譙郡開國侯、食邑一千戶，賜竭誠奉化功臣」，[57]所授加官包括文散官、檢校官、兼官、封爵、食邑、功臣號等。

曹宗壽、賢順父子掌政期間，為了抵禦甘州回鶻，在與宋朝保持連繫的同時，還積極地與遼朝修好關係。在《遼史》中，遼聖宗統和、開泰年間，記錄了曹宗壽、賢順時期與遼朝之間的通使往來，後者甚至還曾親赴遼都。[58]茲列遼廷授予賢順官爵的史料於下：

56　《宋大詔令集》卷二四的《政事九十三・諸蕃》，中華書局 1962 年版，第 943 頁。徐松輯《宋會要輯稿》第一九八冊《蕃夷五》記錄此制稍簡，藩鎮軍號仍以「歸義」為名，第 7767 頁。

57　《宋會要》卷五七七〇《蕃夷志》「瓜沙二州」條，見徐松輯《宋會要輯稿》第一九八冊《蕃夷五》，第 7767 頁。

58　陸慶夫：《歸義軍與遼及甘州回鶻關係考》，載《蘭州大學學報》1998 年第 3 期。

　　(1)〔統和（當作「開泰」）六年（1017）六月〕乙酉，夷離堇阿魯勃送沙州節度使曹恭順還，授於越。

　　(2)〔開泰八年（1019）正月〕，封沙州節度使曹順為敦煌郡王。[59]

此處之「曹恭順」、「曹順」即曹賢順，《遼史》卷一二《聖宗紀三》「校勘記」〔四〕云：「恭順，《長編》、《通考》作賢順，此避景宗賢名改恭順。《羅校》（即羅繼祖《遼史校勘記》），此殆開泰六年事誤繫於此」，甚是。一○一七年遼授於越，「於越：貴官，無所職。其位居北、南大王上，非有大功德者不授」；[60]一○一九年遼封敦煌郡王，具體見《韓橁墓誌銘》：「明年，奉使沙州，冊主帥曹恭順為敦煌王。」[61]

　　以上通過傳世史籍考察了唐五代宋遼諸朝給歸義軍藩帥授賜的加官，其真實性自無疑義。敦煌文獻對其加官的記載更為詳細，只不過有些是他們在境內的自封官階，所以在使用時需加以辨析。敦煌書儀中有一些慶賀藩帥加官的書儀文獻，P.4050＋S.5613《書儀》云：「使主伏承天恩，加拜御史中丞，官告至，位（倍）多慶慰」，趙和平認為這是河北地區的書儀。[62]至於歸義軍藩帥的加官，P.2729＋P.3715＋P.5015

59　《遼史》卷一二《聖宗紀三》、卷一六《聖宗紀七》，第131、185頁。

60　《遼史》卷一一六《國語解》，第1535頁。又參島田正郎《遼朝官制の研究》第三章「大于越府」，創文社1978年版，第123-166頁。

61　陳述輯校《全遼文》卷六，中華書局1982年版，第121頁。又參湯開建《韓橁出使敦煌年代考》，載《社會科學》》（甘肅）1983年第4期。從遼京到敦煌的逕行路線，可參白玉冬《十世紀における九姓タタルとシルクロード貿易》第二節「マルウージーが記錄した沙州から契丹の都に至るルート」、第四節「沙州から契丹の上京への道程について」，載《史學雜誌》第120編第10號，2011年。

62　趙和平：《晚唐時河北地區的一種吉凶書儀——P.4050與S.5613敦煌寫本綜合研究》，原載《周一良先生八十生日紀念論文集》，中國社會科學出版社1993年版；此據周一良、趙和平：《唐五代書儀研究》，中國社會科學出版社1995年版，第191-199頁。

《歸義軍僧官書儀》中有一篇《司空賀（加）官有人來相賀卻答云》提到「司空伏蒙天恩寵拜」，據考「司空」為張議潮的檢校官；[63]撰寫於曹氏時期的 S.3399《雜相賀語》中有一篇《賀本使加官》云：「天書遠降，寵祚西臨。尚書功業所彰，特加朝命」；P.2652v《諸雜謝賀》中也有一篇《天使至賀本使加官》，其後連抄的《參天使語》提到了「伏以尚書寵銜恩命，特降敦煌」，可知是歸義軍本地的文獻。這些雖然是書儀，但中朝天使到敦煌給歸義軍藩帥授予加官是實有其事的。

（三）藩帥及其加官的自稱現象

一方面，歸義軍通過獲得中原王朝賜予的旌節、官告、印章，得以名正言順地統治地方；另一方面，歸義軍處在晚唐、五代、宋初的戰亂時代，獨立性很強，在未得朝命以前，藩帥以父死子繼、兄終弟及或叔侄代立的方式，在家族內部世襲其職，甚至自行加封官爵，尤其是趁中央每次封贈之機自加官階。榮新江在研究歸義軍歷任節度使的稱號時，已指出了他們在境內的官爵自稱現象；[64]後來筆者在此基礎上，進一步討論了自稱河西節度使、自稱歸義軍節度留後與節度使、自稱王爵等現象。[65]

張氏歸義軍前期，最突出的藩帥自稱現象是稱「河西節度使」，而非唐朝授予的「歸義軍節度使」。這正像莫高窟第一五六窟張議潮出行圖中所題的「河西節度使、檢校司空、兼御史大夫張議潮統軍□除吐

63　對該件書儀的拼接、定名及考證，參趙和平《敦煌表狀箋啟書儀輯校》，江蘇古籍出版社 1999 年版，第 287 頁；李軍《敦煌寫本〈歸義軍僧官書儀〉拼接綴合及相關問題研究》，載《敦煌學輯刊》2006 年第 3 期。

64　榮新江：《沙州歸義軍歷任節度使稱號研究（修訂稿）》，載《敦煌學》第 19 輯，1992 年。

65　馮培紅：《關於歸義軍節度使官制的幾個問題》，載鄭炳林、花平寧主編《麥積山石窟藝術文化論文集》（下冊），蘭州大學出版社 2004 年版，第 204-216 頁。

蕃收復河西一道行圖」那樣，[66]他擊潰吐蕃軍隊，收復河西全境，勢力空前強大，野心也隨之膨脹，自認為是繼承了唐河西節度使的衣缽。榮新江云：

　　在張議潮和張淮深任歸義軍節度使期間（851-890），更多的是使用「河西節度」，而不是唐朝命名的「歸義軍節度」，表明了他們力圖控制整個舊河西道的願望。從唐朝一方來講，雖然在大中五年（851）就給予張議潮以沙、瓜、甘、肅、伊、西、鄯、河、蘭、岷、廓十一州觀察使的職銜，但並不願意將涼州這樣的河西重鎮輕易讓給歸義軍，大概這是唐朝始終不把歸義軍節度使改為河西節度使的緣故吧。其結果就是我們在現存的史籍中見到的有關歸義軍史料均稱之為歸義軍節度，而不稱河西節度；但在瓜沙地區往往相反，用河西節度一名。[67]

　　如此也導致了歸義軍與唐朝之間的矛盾，隨著唐朝的遏制措施與歸義軍周邊少數民族勢力的進逼，歸義軍的轄地變得越來越小。八六三年，唐懿宗在河隴地區析置三節度，由秦州、涼州、瓜沙節度使分領，後者名義上僅觀察八州；八八八年，唐昭宗賜予張淮深一對「沙州節度使印」、「沙州觀察處置使之印」，轄地更是縮至一州。[68]但張淮深一直以河西節度使自稱，此後的藩帥則多以歸義軍節度使相稱。曹氏初期，歸義軍雖只領有「二州六鎮」，可曹議金還一度將節度使稱號

66　圖版見敦煌文物研究所編《中國石窟　敦煌莫高窟》第 4 卷，圖版 133；題記見敦煌研究院編《敦煌莫高窟供養人題記》，第 74 頁。

67　榮新江：《歸義軍史研究》，第 179 頁。

68　馮培紅：《歸義軍節度觀察使官印問題申論》，載劉進寶、高田時雄主編《轉型期的敦煌學》，上海古籍出版社 2007 年版，第 304-311 頁。

擴大為「河西隴右伊西庭樓蘭金滿等州節度使」，表達了開拓疆域、控有河隴及西域的願望。只要對比一下後唐授予他的歸義軍節度使一職，即可知道那不過是他在境內的自稱。到議金子輩，氣魄減弱，有所收斂，大多自稱「河西節度使」或「河西歸義軍節度使」；而到其孫輩，就不再冠以「河西」二字了。[69]

其次，歸義軍藩帥由本家族子弟世襲其位，前任初卒，繼任者一方面對中央自稱留後，另一方面在境內自稱節度使。關於這一點，筆者已作了論述：

在歸義軍歷任統治者中，除了首任節度使張議潮由唐朝任命之外，其餘的全都在境內先自稱歸義軍節度使，然後等待中央朝廷的正式任命；在沒有得到旌節、官告之前，他們在給中原朝廷及其官員上表狀時，則多稱作節度留後，事實上他們在歸義軍境內早已實任節度使之職了。[70]

這種情況在其他割據型藩鎮也同樣存在，自稱留後且旋即進封節度使的較為常見，如魏博藩鎮，七七九年節度使田承嗣臨終前，命田悅知節度事，唐代宗詔「擢留後，俄檢校工部尚書，為節度使」；七八四年，田緒殺田悅，「眾乃共推緒為留後」，唐德宗遣使招降，「詔即拜緒節度使」；七九六年，田緒卒，少子季安被「軍中推為留後，因授節

69　馮培紅：《論晚唐五代的沙州（歸義軍）與涼州（河西）節度使——以「河西」觀念為中心的考察》，載張湧泉、陳浩主編《浙江與敦煌學——常書鴻先生誕辰一百週年紀念文集》，浙江古籍出版社 2004 年版，第 249 頁。

70　馮培紅：《關於歸義軍節度使官制的幾個問題》，載《麥積山石窟藝術文化論文集》（下冊），第 216 頁。

度使」。[71]歸義軍同屬割據型藩鎮，藩帥之職在本地張、曹等家族內部
相世襲，從次任藩帥張淮深起，都是先自稱留後，除任期短促的張淮
鼎、曹延恭外，其餘都獲得了朝廷的正命。

在未受朝命之前，有些藩帥在境內已公然自稱為節度使，但是出
於中央史官之手的正史典籍，對於地方藩鎮的這一情況記載殊少；而
敦煌文獻、石窟題記和碑刻是地方史料，藩帥自稱節度使的現象得到
了較充分的揭示。今先列出歸義軍藩帥被中央授予節度使的朝命時
間，再從這一時間之前的敦煌資料中擇其自稱節度使之一例，列表對
比（表1-1）：

姓名	朝命時間	境　內　自　稱		
		時間	官　　衘	出　　處
張淮深	888 年	887 年	河西節度金紫光祿大夫檢校尚書左僕射河西萬戶侯	P.2568
張承奉	900 年	895 年	歸義軍節度使	S.4470v
曹議金	924 年	920 年前後	河西節度使尚書	P.3781
曹元德	940 年	939 年底前	敕河西歸義軍節度押蕃落等使檢校司空譙郡開國公	莫 108 窟
曹元深	943 年	942 年	歸義軍節度使檢校司徒兼御史大夫	P.4046
曹元忠	955 年	947 年	歸義軍節度瓜沙等州觀察處置管內營田押蕃落等使特進檢校太傅譙郡開國侯	P.4514

71　《新唐書》卷二一〇〈《藩鎮魏博傳》，第 5927、5932、5933 頁。

續表

姓名	朝命時間	境　內　自　稱		
		時間	官　　銜	出　　處
曹延恭	——	976 年	敕歸義軍節度瓜沙等州觀察處置管內營田押蕃等使特進檢校太傅兼中書令譙郡開國公食邑一千五百戶食實封三百戶	莫 444 窟
曹延祿	980 年四月	980 年二月	敕歸義軍節度瓜沙等州觀察處置管內營田押蕃落等使□（特）□（進）檢校太傅同中書門下平章事譙郡開國公食邑一阡伍伯戶食實封七伯戶	莫 431 窟
曹宗壽	1002 年八月	1002 年五月	敦煌王曹宗壽	Φ. 32

▲ 表 1-1

　　歸義軍歷任藩帥中，張議潮是唐朝敕命的首任節度使，不必自稱；而張淮鼎、索勛、曹賢順時因相關的敦煌資料闕如，故不列。曹元德在九四○年被後晉任命為節度使時，已經病故數月，而曹延恭訖未獲得朝廷正命，故莫高窟第一○八、四四四窟題署的官銜當為他們生前在境內的自稱；據 Φ.32《宋咸平五年（1002）五月十五日敦煌王曹宗壽夫婦捐經題記》，宗壽自稱敦煌王，必也已自稱節度使，而宋廷在三個月後才做出正式的任命。

　　最後，歸義軍藩帥所帶的加官，在廷授的同時也存在著自稱現象。關於這一點，其他藩鎮的史料記載較為籠統，而敦煌文獻卻為藩帥加官的自稱提供了絕佳的資料。榮新江云：

　　中原王朝給予歸義軍節度使的稱號也是從較低的開始，但歸義軍
節度使往往在朝命下達之前就自封為某種較高的官銜了，特別是五代
宋初幾位曹氏執政者，雖然政權組織仍是節度一級，但卻在檢校太師
兼中書令之上，號稱大王。盡管某些節度使自封的稱號很高，但仍是
按官品等級由低向高升進的，只是往往比中原王朝給予的職稱高一個
級別。……對於歸義軍節度使來說，中原王朝的每一次封贈，常常是
對他在沙州所用稱號的認可；而冊封詔書的抵達，又成為他進一步自
封高階的難得良機。[72]

　　隨著時代的發展，越到五代末、北宋初，這種情況就越加明顯。
最典型的是曹元忠、曹延祿父子。榮氏說：「天福十四年（949）八月
以前，曹元忠在沙州已從僕射、司徒、太保，自稱到太傅一級，但這
些稱號並未得到中原王朝的承認，就在同一年，元忠的稱號又降到司
空一級，應當是事出有因的。」[73]這一變化是因為九四六年後晉朝廷正
式任命他為歸義軍節度觀察留後，這個消息傳到敦煌後，元忠遂重新
啟用新的低銜。茲以兩件敦煌文獻的職官結銜進行對比說明（表1-2）：

72　榮新江：《歸義軍史研究》，第 61-62、119 頁。

73　榮新江：《沙州歸義軍歷任節度使稱號研究（修訂稿）》，《敦煌學》第 19 輯，1992
　　年。不過，洪邁《容齋隨筆》之《容齋三筆》卷五《過稱官品》（上冊，第 482 頁）
　　記載，直到北宋仍然存在「諸節度、觀察，雖檢校官未至太傅者，許稱太傅」的現
　　象。

使職	文散官	檢校官	兼官	封爵	食邑	時間	出處
歸義軍節度瓜沙等州觀察處置管內營田押蕃落等使	特進（正二品）	太傅（正一品）	──	譙郡開國侯（從三品）	──	947年	P.4514
新授歸義軍節度觀察留後	光祿大夫（從二品）	司空（正一品）	御史大夫	譙縣開國男（從五品上）	三百戶	949年	S.4398

▲ 表 1-2

　　儘管九四六年後晉就已授予元忠留後之職，但到九四七年他仍在使用舊銜，此時後晉已經滅亡；九四九年的文書中出現了「新授」字樣，應當是遵用了此前後晉所授的新銜。從使職上看，他從節度觀察等使降稱留後；從加官觀之，文散官、檢校官、封爵也是前者高於後者，這些都反映了前者是境內自稱，後者為朝廷正授。

　　類似的情況也出現在其子曹延祿的身上，莫高窟第四三一、四五四窟分別列出了他在境內自稱與中央新授的官爵（表 1-3）：[74]

使職	文散官	檢校官	封爵	食邑	食實封	時間	出處
敕歸義軍節度瓜沙等州觀察處置管內營田押蕃落等使	特進（正二品）	太傅（正一品同中書門下平章事）	譙郡開國公（正二品）	一阡伍伯戶	七伯戶	980年二月	莫431窟

74　敦煌研究院編《敦煌莫高窟供養人題記》，第 164-165、172 頁。

續表

使職	文散官	檢校官	封爵	食邑	食實封	時間	出處
新受敕歸義軍節度使	光祿大夫（從二品）	太保（正一品）	譙郡開國公（正二品）	五百戶	三百戶	980年四月後	莫454窟

▲ 表 1-3

　　第四三一窟窟簷題梁標明了具體的時代為「大宋太平興國伍年歲次口（庚）辰二月甲辰朔廿二日乙丑」，當時宋廷尚未授予延祿節度使，正式的任命是在稍後的四月丁丑，可知題梁文字是他在境內的自稱；而第四五四窟出現了「新受」二字，表明這是在四月丁丑之後的事，除了封爵未發生變動外，其他加官的新銜均比前窟要低。

　　本節前兩部分主要從傳世史籍出發，考察了中原王朝對歸義軍藩帥及其加官的授任情況，得以證實歸義軍藩鎮依附於中央的一面性格；第三部分則通過敦煌文獻和石窟題記，論述了歸義軍藩帥在境內的自稱現象，揭示出其所具有的割據獨立的另一面性格。

二、幕府僚佐及其加官

　　張國剛指出：「唐代藩鎮職官有兩個系統，一個是州縣職事官系統，一個是使府幕職系統」，前者由中央任派，後者則由府主辟署。[75]把藩鎮治下的州縣官也納入藩鎮體制之中，符合唐後期五代的實際情

75　張國剛：《唐代藩鎮使府辟署制度》，載《唐代藩鎮研究》，湖南教育出版社 1987 年版，第 181 頁。

況，關於此點下節專論。本節利用敦煌文獻，對歸義軍幕府僚佐的辟署及其加官的奏授和遷轉進行考察，希望通過考析具體的辟任程序、加官的奏授與氾濫，進一步深化對藩鎮辟署制度的研究。

（一）幕佐的辟署與遷轉

關於藩鎮辟署制度，古代史籍中缺乏專門的記載，《冊府元龜》卷七二八、七二九雖有《幕府部・辟署》一節，但也只是羅列人物，未及制度。現代學者對這一制度研究甚多，成果頗豐。[76]①這些成果依靠傳世史籍，輔之於墓誌碑刻、文集小說，考察了藩鎮辟署的對象、方式及辟署制的功能、利弊。這種研究對於歸義軍而言，也有其指導意

76　〔日〕礪波護：《中世貴族制の崩壞と辟召制──牛李の黨爭を手がかりに──》，原載《東洋史研究》第 21 卷第 3 號，1962 年；《唐代使院の僚佐と辟召制》，原載《神戶大學文學部紀要》第 2 號，1973 年；此皆據《唐代政治社會史研究》第二、三章，同朋舍 1986 年版，第 45-122 頁。楊志玖、張國剛：《唐代藩鎮使府辟署制度》，載《社會科學戰線》1984 年第 1 期；修改後收入張國剛《唐代藩鎮研究》，第 181-199頁。王德權：《中晚唐使府僚佐升遷之研究》，載「國立中正大學」學報第 5 卷第 1 期，1994 年。石雲濤：《唐開元天寶時期邊鎮幕府僚佐辟署制度考論》，載《黃淮學刊》1996 年第 4 期；《唐後期方鎮使府僚佐遷轉》，載《魏晉南北朝隋唐史資料》第 14 輯，武漢大學出版社 1996 年版；《唐後期有關方鎮使府僚佐辟署對象的限令》，載《唐研究》第 3 卷，北京大學出版社 1997 年版；《唐代幕府辟署制之認識》，載《許昌師專學報》1997 年第 1 期；《唐開元、天寶時期邊鎮僚佐辟署制度》，載《唐研究》第 7 卷，北京大學出版社 2001 年版；《唐代幕府制度研究》，中國社會科學出版社 2003 年版。〔日〕渡邊孝：《中晚唐期における官人の幕職官入仕とその背景》，載松本肇、川合康三編《中唐文学の視角》，創文社 1998 年版，第 357-392 頁；《唐後半期の藩鎮辟召制についての再檢討──淮南・浙西藩鎮における幕職官の人的構成などを手がかりに──》，載《東洋史研究》第 60 卷第 1 號，2001 年。〔韓〕金宗燮：《唐五代幕職官的任用與功能》，《東洋史學研究》第 71 輯，2000 年。苑汝傑、張金桐：《唐代河朔幕府納士與士人入幕心理》，載《鹽城師範學院學報》2003 年第 1 期。劉煜：《從唐代傳奇看藩鎮使府辟署制度──由〈紅線〉、〈聶隱娘〉、〈柳氏傳〉談起》，載《井岡山醫專學報》2006 年第 6 期。劉琴麗：《唐代武官選任制度初探》第五章「唐代中後期方鎮使府武職僚佐的辟署制」，社會科學文獻出版社 2006 年版，第 157-181 頁。

義。

　　然而除了一些文集之外，傳世史籍對辟任程序的記載極為缺乏，成為藩鎮辟署制度研究中亟待彌補的空白。敦煌文獻裡保存了一定數量的歸義軍辟署文書，其中不少是當時的正式公文，保持了原來的格式並有藩帥的簽署及鈐印，為研究辟任程序提供了珍貴的第一手資料。一九八六年中村裕一發表《唐代藩鎮の幕職補任文書》一文，運用了敦煌文獻及《桂苑筆耕集》、《全唐文》中的辟任文書，指出藩鎮在辟署僚佐時多使用「署」、「補」等用語，辟任文書用的是牒式，故稱「牒補」，並對其樣式進行了復原。他強調，要重視歸義軍節度使下發的牒式文書。[77]在另一著作中，他也簡略介紹了敦煌出土的牒式補任文書。[78]中村氏的研究，是目前唯一利用敦煌文獻來探討藩鎮辟署制度的成果，尤其是對了解辟任程序具有積極意義。

　　唐五代藩鎮辟署僚佐的文書使用「牒」，洪邁《唐世辟寮佐有詞》云：「唐世節度、觀察諸使，辟置寮佐以至州郡差掾屬，牒語皆用四六，大略如告詞。」[79]歸義軍亦同樣用「牒」，如 P.3718《張清通寫真贊並序》稱「使司酬獎，牒舉節度押衙」。中村裕一列出了以下八件授官牒：

　　一、P.3239《後梁甲戌年（914）十月十八日前正兵馬使鄧弘嗣改補充左廂第五將將頭牒》；

　　二、P.3805《後唐同光參年（925）六月壹日前子弟宋員進改補充

77　〔日〕中村裕一：《唐代藩鎮の幕職補任文書》，原載《史學研究室報告》5，武庫川女子大學文學部 1986 年版；此據《唐代官文書研究》第四章第一節「藩鎮の幕職・軍職補任文書」，第 283-308 頁。

78　〔日〕中村裕一：《唐代公文書研究》第四章第一節「牒式補任文書」，第 135-138 頁。

79　洪邁：《容齋隨筆》之《容齋三筆》卷一六，下冊，第 620 頁。

節度押衙牒》；

　　三、P.5004《後唐天成元年（926）十二月都鹽院某官改補充散將牒》；

　　四、P.3347《後晉天福參年（938）十一月五日前作坊隊副隊張員進改補充衙前正十將牒》；

　　五、S.4363《後晉天福柒年（942）柒月貳拾壹日前正兵馬使史再盈改補充節度押衙牒》；

　　六、P.3290v《宋至道二年（996）三月前子弟索定遷改補充節度押衙牒》；

　　七、P.3903《某使武定成補充瓜州軍事押衙知孔目事牒》；

　　八、P.3298 pièce 1《唐咸通某年某月廿二日兵馬使索力力改補節度某官牒》。

　　他指出，這些授官牒在文書樣式上具有相同的書寫特徵。不過，第八件的格式頗不相同，主要體現在：(1) 改補充的新職未在前部專行列出；(2) 牒之正文不以「牒奉處分，前件官……」開始，「事須改補」某官的寫法多見於唐人文牒，而與上列七件歸義軍授官牒相異；(3) 時間具牒之後多出「評事董雨」一行；(4) 末行節度使的簽署格式也不相同，僅署「盧潘」二字。據郁賢皓考證，盧潘約在咸通十年（869）任朔方節度使；[80]李軍進一步考得 P.3281 v《押衙馬通達狀稿》中的「盧尚書」即為盧潘，他之所以在涼州出現，是因為晚唐朔方節度使同時兼領了駐節於涼州的河西節度使，盧潘於咸通八年至十一年(867-870)出

80　郁賢皓：《唐刺史考全編》第二編卷一八《靈州（靈武郡）》，安徽大學出版社 2000年版，第 1 冊，第 347 頁。

任該職。[81]另，P.3298 pièce 1 第二行上鈐有多枚印章，目前公布的圖版印跡極淡，難以識讀，但據法國出版的目錄介紹，所鈐之印為「*Chouo-fang kiun tsie / tou-che lche yin* 朔方軍節／度使之印」，[82]故首行「節度使牒」前缺藩鎮之名當為朔方軍。

　　排除了這件晚唐咸通時的非歸義軍文獻，其餘七件均屬十世紀曹氏歸義軍時期，延續時間近一個世紀，體現了五代宋初藩鎮辟任幕佐的程序穩定性。類似的歸義軍授官牒還可舉出十件：

　　九、P.3016《散將改補充討擊使牒》；

　　十、P.3016v《後晉天福十年（945）五月散兵馬使改補充衙前兵馬使牒》；

　　十一、P.3016v《後晉天福十年（945）五月衙前兵馬使改補充節度押衙牒》；

　　十二、S.19v《改補充衙前正兵馬使牒》；

　　十三、S.329v《子弟王義延補充子弟虞候牒》；

　　十四、Дx. 1312《改補充押衙牒》；

　　十五、Дx. 1312v《改補充押衙牒》；

　　十六、Дx. 1352《張某補充某官牒》；

　　十七、P.3384v《授官牒》；

81　李軍：《晚唐政府對河西東部地區的經營》，載《歷史研究》2007 年第 4 期；《晚唐涼州節度使考》，載《敦煌研究》2007 年第 6 期。

82　Bibliothèque nationale (France), Département des manuscrits, *Catalogue des manuscrits chinois de Touen-houang：Fonds Pelliot chinois de la bibliothèque nationale*, vol. Ill, Paris: Fondation Singer-Polignac，1983，p.245.

十八、P.3827v《授官牒》。[83]

這些牒文有的是樣式文稿，如第九至十一件，格式與前述P.3298 pièce 1 授官牒頗類似；有的是雜寫文字，如第十二至十五件；有的則是草稿，如第十六至十八件，格式與前列七件授官牒同。[84]

這種授官牒在唐人文集中雖有載錄，但具體格式已難再現，而敦煌文獻保存了如此豐富的實例，至為可寶。茲以 P.3239《後梁甲戌年（914）十月十八日前正兵馬使鄧弘嗣改補充左廂第五將將頭牒》為例（圖1-4），按其文書格式過錄如下：

1. 敕歸義軍節度兵馬留後使　　　牒。
2. 　　　　　　前正兵馬使、銀青光祿大夫、檢校太子賓客鄧弘嗣，
3. 　　　　　　　　右改補充左廂弟（第）五將將頭。
4. 牒奉　處分，前件官，弱冠從戎，
5. 久隨旌旆；夙勤王事，雅有殊才。臨
6. 戈無後顧之心，寢鐵更增雄毅。兼

---

83 由歸義軍搖身一變而成的西漢金山國，其授官敕除了改「牒」為「敕」、「改補充」多作「可」外，其他格式與歸義軍授官牒完全相同，這樣的授官敕也可舉出兩件：一是 P.4632+P.4631《西漢金山國前散兵馬使兼知客將宋惠信可攝押衙兼鴻臚卿敕》；二是 Дx.3174《西漢金山國某行都錄事麴再誠可正十將敕》。

84 第十七件後部格式略異，大概是草稿抄寫未完之故。該牒前後均鈐印，赤木崇敏據文書原件辨認，認為在右端紙縫上先蓋了「沙州節度使印」，再在其上加鈐「沙州觀察處置使之印」，以表示前者蓋錯作廢之意。參赤木崇敏《河西歸義軍節度使張淮鼎——敦煌文獻 P.2555 pièce 1 の檢討を通じて——》，載《內陸アジア言語の研究》XX，2005 年。儘管蓋有印章，但抄寫潦草，且有塗改，只是一份草稿；而正面《唐大順二年（891）正月一日沙州敦煌百姓翟明明等戶狀》書寫工整，前部鈐有「沙州節度使印」，才是正式公文。

7. 懷武略，善會孤虛；主將管兵，最為

8. 重務。塵飛草動，領步卒雖到球

9. 場；烈（列）陣排軍，更宜盡終（忠）而效節。上直

10. 三日，校習點檢而無虧；弓箭修全，

11. 不得臨時而敗闕。立功必償（賞），別加遷轉

12. 而提攜；有罪難逃，兢心守公。依已，件

13. 補如前，牒舉者，故牒。

14. 　　　　　　甲戌年十月十八日牒。

15. 使、檢校吏部尚書、兼御史大夫曹仁貴。

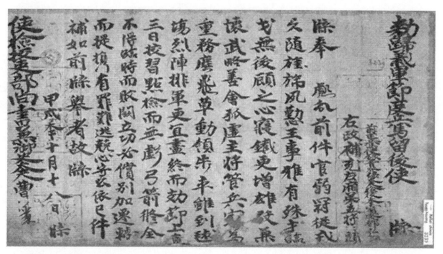

▲ 圖 1-4　P3239《後梁甲戌年（914）十月十八日前正兵馬使鄧弘嗣改補充左廂第五將將頭牒》

從格式上看，第一行為「敕歸義軍節度兵馬留後使牒」；第二行書寫前職官、姓名，第三行為改補充的新職；第四至十三行為牒之正文，以「牒奉處分，前件官」起頭，訖於「件補如前，牒舉者，故牒」；第十四行為時間具牒；第十五行是使主的簽署，「仁貴」二字潦草，形狀特

殊，是藩帥自書；在第二、三行與十四行上鈐有「沙州觀察處置使之印」，前部四枚、後部五枚。洪邁《唐世辟寮佐有詞》中收錄的五代後梁貞明二年（916）三月淮南、鎮海、鎮東等軍節度使錢鏐辟任鐘廷翰為攝安吉縣主簿牒，格式已失，中村裕一參照敦煌授官牒對之進行了復原，在第九行末補一「牒」字，並指出洪邁在王順伯家親見該牒，印記不存，他推斷若要鈐印的話，應蓋在第二、九行上。綜合這些敦煌授官牒，可知其格式特徵如下（表1-4）：

位置	內容
第1行	敕歸義軍節度使（或兵馬留後使）＋牒
第2行	前職官＋姓名（鈐印）
第3行	右改補充新職（鈐印）
中間部分	牒奉處分＋前件官＋……＋件補如前＋牒舉者＋故牒
倒2行	年月日＋牒（鈐印）
倒1行	使＋檢校官＋兼官＋姓＋簽名畫押

▲ 表1-4

中村裕一還揭出了P.4044《唐乾寧六年（899）十月廿日某甲差充右一將第一隊副隊帖》，認為是歸義軍藩帥辟任軍職的公文書。[85]雖然在傳世文獻中常有「帖以某職」的記載，[86]但授官帖在敦煌文獻中僅發

85　〔日〕中村裕一：《唐代公文書研究》第四章第三節「帖」，第143-145頁。
86　如元稹：《元稹集》卷四三《授劉悟檢校司空幽州節度使制》「帖以亞相」，中華書局，1982年，下冊，第471頁；杜牧《樊川文集》卷一六《上週相公啟》「帖以重職」，載吳在慶《杜牧集系年校注》，中華書局2008年版，第3冊，第981頁。

現這一孤例。[87]值得注意的是，P.3016v《後晉天福十年（945）五月衙
前兵馬使改補充節度押衙牒》中有「准狀各帖所由，仍牒知者」之語，
可見在用牒正式通知本人的同時，還要用帖告知相關部門，P.4044 應該
就是這種帖，其格式亦與牒不盡相同。

　　為便於了解歸義軍幕佐的辟署與遷轉，茲將上述諸件授官牒（敕
／帖）的職官遷轉情況列表於下（表 1-5）：

姓名	前職官	新職	出處
宋員進	子弟、銀青光祿大夫、檢校太子賓客、上柱國	節度押衙	P.3805
索定遷	子弟、銀青光祿大夫、檢校太子賓客	節度押衙	P.3290v
王義延	子弟	子弟虞候	S.329v
——	都鹽院某官	散將	P.5004

87　關於帖的研究，中日學者已取得了豐富的成果，除了中村裕一上揭書外，還有〔日〕
內藤乾吉：《西域発見唐代官文書の研究》，載西域文化研究會編《西域文化研究第
三——敦煌吐魯番社會經濟資料（下）——》，法藏館1960年版，第 27 頁。〔日〕荒
川正晴：《クチャ出土〈孔目司文書〉攷》，載《古代文化》第 49 卷第 3 號，1997 年；
《唐代中央アジアにおける帖式文書の性格をめぐって》，載土肥義和編《敦煌・吐
魯番出土漢文文書の新研究》，東洋文庫 2009 年版，第 271-287 頁。劉後濱：《唐代
中書門下體制研究——公文形態・政務運行與制度變遷》，齊魯書社 2004 年版，第
300-305 頁。樊文禮、史秀蓮：《唐代公牘文〈帖〉研究》，載《中國典籍與文化》
2007 年第 4 期。〔日〕赤木崇敏：《帰義軍時代敦煌オアシスの稅草徵發と文書行
政》，載《待兼山論叢》第 41 號《史学編》，2007 年，第 27-52 頁；《唐代前半期の地
方文書行政——トゥルファン文書の檢討を通じて——》，載《史學雜誌》第 117 編
第 11 號，2008 年。雷聞：《唐代帖文的形態與運作》，載《中國史研究》2010 年第 3
期。不過，他們所探討的帖均非授官帖。

續表

姓名	前職官	新職	出處
——	散將	□□ 討擊使	P.3016
——	散兵馬使	衙前 兵馬使	P.3016v
宋惠信	散兵馬使、兼知客將	攝押衙、 兼鴻臚卿	P.4632+ P.4631
——	——	衙前正 兵馬使	S.19v
——	衙前兵馬使	節度押衙	P.3016v
史再盈	正兵馬使、銀青光祿大夫、檢校太子賓客、兼試殿中監	節度押衙	S.4363
鄧弘嗣	正兵馬使、銀青光祿大夫、檢校太子賓客	左廂第五 將將頭	P.3239
某甲	——	右一將第 一隊副隊	P.4044
張員進	作坊隊副隊	衙前 正十將	P.3347
麴再誠	某行都錄事	正十將	Дx.3174
武定成	某使、試殿中監	瓜州軍事 押衙、知 孔目事	P.3903

續表

姓名	前職官	新職	出處
——	——	押衙	Дх. 1312
——	——	押衙	Дх. 1312v

▲ 表 1-5

　　很明顯的一點是，宋員進等人原來的職官結銜包括很多內容，有幕職或身分，以及文散官、檢校官、試官、勳官等加官；但是，辟署遷轉後的新職銜卻只有一項，即幕職（包括州府的軍院僚佐），他們所帶的加官則未發生變動，這說明辟署的只是幕職本身，而不包括所帶加官。

　　石雲濤將藩鎮幕佐的遷轉分為幕府系統內遷轉、從藩鎮幕府遷出任官兩種，就前者而言，他又細分為：(1) 非幕府正職遷轉；(2) 由非幕府正職進入幕府正職；(3) 由下佐升為上佐；(4) 由武職遷升為行軍司馬、副使，或由行軍司馬遷至副使；(5) 由行軍司馬、副使升遷至節帥。[88]歸義軍偏處西北，幕佐的遷轉基本上與中原官界無涉，境內的州縣官實際上也已幕職化，故此處只探討幕府系統內的遷轉。石氏討論的是文職僚佐，而表 5 大多為武職軍將，我們將其分為四種情況：(1) 有些人的身分是子弟，沒有幕職，卻帶有文散官、檢校官、勳官，被辟署為節度押衙或虞候；(2) 有些是散職，如散將、散兵馬使，升遷為

88　石雲濤：《唐後期方鎮使府僚佐遷轉》，載《魏晉南北朝隋唐史資料》第 14 輯，1996　年，第 140-152 頁。劉琴麗：《唐代武官選任制度初探》第五章「唐代中後期方鎮使府武職僚佐的辟署制」（第 172-175 頁）對武職僚佐也作了同樣的劃分，並進行了簡略論述。

討擊使、衙前兵馬使、攝押衙等職；(3) 從兵馬使升遷為節度押衙、將頭；(4) 從副隊、行都錄事升遷為正十將。最典型的升遷可見於 P.3016v 兩件後晉天福十年（945）五月授官牒樣式，第一件是《散兵馬使改補充衙前兵馬使牒》：

> 散兵馬使。牒奉處分……前件官……事須改補充衙前兵馬使。牒知者，故牒。天福十年五月日牒。

第二件為《衙前兵馬使改補充節度押衙牒》：

> 衙前兵馬使。牒奉處分……前件官……事須改補充節度押衙。准狀各帖所由，仍牒知者，故牒。天福十年五月日牒。

從散兵馬使→前兵馬使→節度押衙的遷轉路徑，正是逐級升進的，這可證於《周璵墓誌銘並序》中的遷序：「元和（806-820）中，……乃授散兵馬使。長慶（821-824）中，司空吳興公授正兵馬使、知都虞候事。……即授節度押衙、兼司賓務。……開成（836-840）中，司徒謁城公以公名重燕州，清衷□厚，乃授節度都押衙。」[89]

以上授官牒對於了解藩鎮幕佐的辟任程序很有幫助，但只涉及一次遷轉。類似於周璵的例子，我們從歸義軍藩鎮中找出四個文武幕佐，從他們的一生仕途來觀察幕佐的遷轉規律。

(1) 慶德。P.3556《慶德邈真贊並序》記錄其幕職升遷的過程頗詳：

89　北京市文物研究所：《北京近年發現的幾座唐墓》，載《文物》1992 年第 9 期。

　　因茲元戎獎錄，司任百人。……後遷紫亭鎮將，數年而控扼南蕃。……重僉步卒元帥，又選兵馬都權。……再舉衙內師將長，兼任親從行班。

「司任百人」即贊詞中說的「將務」，是指將頭；[90]「步卒元帥」或指步軍都指揮使；「兵馬都權」為都知兵馬使；「衙內師將長」即衙內都押衙，「親從行班」指內親從都頭。故慶德的職衙遷轉依次為：將頭紫亭鎮遏使步軍都指揮使都知兵馬使內親從都頭、知衙內都押衙。從「元戎獎錄」及「遷」、「僉」、「選」、「舉」等用語觀之，他歷任的這些軍將均為歸義軍藩帥所辟署。

　　(2) 張保山。P.3518v《張保山邈真贊並序》云：

　　金王會臨，超先拔選。東陲大鎮，最是要關。公之量寬，僉然委任。新城固守，已歷星霜。……回騎西還，薦茲勞績，當僉左馬步都虞候。……譙公秉節，頭（傾）慕忠貞。公之英奇，頗能攜薦。轅門指拓，須憑盛族之良；軍府杞材，仍藉有功之士，轉遷右馬步都押衙。……又至天廷，所論不闕。慕公忠赤，報以前勳，乃薦左都押衙。

楊寶玉、吳麗娛對張保山的職官升遷作過詳細考證，其中的幕職遷序為：「節度押衙（900 年已在任上）→節度押衙兼新城鎮使（901 年六至十月間始任）→左馬步都虞候（約 909 年以後）→右馬步都押衙（約

90　S.5448《唐故河西歸義軍節度押衙兼右二將頭渾子盈邈真贊並序》中有「給賜節度押衙，兼百人將務」之語，可知將頭管兵百人。

914 年七月以後）左馬步都押衙（約 926 或 927 年以後）」，[91]皆由歸義軍藩帥張承奉、曹議金所辟署。

(3) 閻海員。P.2482《閻海員邈真贊並序》云：

> 軍資大庫，注任累年。出納豈犯於纖埃，破用盈公而克己。僉充節院，虔心敬仰於神明；位列崇班，忠諫每陳於逆耳。

他先被辟署為軍資庫官，任職多年後進遷節院軍使，同時「位列崇班」，即贊文標題中所示的「歸義軍節度左班首都頭、知節院軍使」。

(4) 張球。敦煌文獻中又寫作張俅、張景球、張景俅，鄭炳林已考證為同一人，並對其職官遷轉作過系統梳理，其中的幕職遷序為：初為鄉貢進士；咸通五至十年（864-869），任沙州軍事判官；十年七月，升為歸義軍節度判官；十二年，復降為沙州軍事判官；乾符三年（876）後，再升任節度判官；光啟三年（887），以節度判官權掌書記，直到景福元年（892）仍在其位。八七一年張球從節度判官突然跌回沙州軍事判官，鄭氏推測是和張淮深與張議潮之間的派系矛盾及主持歸義軍文案的張敖等人的排擠有關。[92]然而，八六九年張球升為節度判官所依據的 P.2913v《大唐敦煌譯經三藏吳和尚邈真贊》，與 P.4660《大唐沙州譯經三藏大德吳和尚邈真贊》的內容大致相同，而略作改動，如 P.4660 中的「聖神贊普」、「司空奉國」，P.2913v 則作「戎王贊普」、「太保欽奉」，按張議潮卒於八七二年，唐廷詔贈太保，故 P.2913v 應是八七二年以後的改抄本，事實上它連抄於《張淮深墓誌銘》之後，其重抄年

91　楊寶玉、吳麗娛：《歸義軍朝貢使張保山生平考察與相關歷史問題》，載《中國史研究》2007 年第 4 期。

92　鄭炳林：《論晚唐敦煌文士張球即張景球》，載《文史》1997 年第 43 輯。

代更在八九○年淮深卒後。因此，P.2913v 雖然末署「唐咸通十年歲次
乙（己）丑（869）七月廿八日題記」，但張球的「節度判官」與張議
潮的「太保」一樣，並非該年的職銜，而是在後來重抄時題署了較高
的新銜。如此，張球的幕職遷序為：沙州軍事判官（864 年已任）→節
度判官（876 年已任）→節度判官權掌書記（887 年已任）。[93]

　　最後需加說明，藩帥雖可自辟幕佐，但辟署正員幕職及重要軍將
還需要奏報朝廷批准。早在一九四二年日野開三郎就已指出這一點，[94]
之後郭潤濤、石雲濤等也略有論述，[95]但大多學者在研究藩鎮辟署制度
時，對此則多所忽略。當然，在割據型或邊遠地區的藩鎮也存在「不
奏而聘」的情況，[96]即所謂「攝職」。歸義軍存在於晚唐、五代、宋初

93　顏廷亮：《有關張球生平及其著作的一件新見文獻——〈《佛説摩利支天菩薩陀羅尼
　　經》序〉校錄及其他》，（載《敦煌研究》2002 年第 5 期）揭出，張球所撰 S.2059 該
　　經序云：「以涼州新復，軍糧不充，蒙張□□□（靈）武發運使」，認為他在八六一
　　年收復涼州後擔任靈武發運使。近承吳麗娛、楊寶玉研究員指教，張球當時地位較
　　低，不可能擔任靈武發運使。相關論述見楊寶玉：《敦煌本佛教靈驗記校注並研究》，
　　甘肅人民出版社 2009 年版，第 118-120 頁。

94　〔日〕日野開三郎：《支那中世の軍閥》，三省堂 1942 年版；此據《日野開三郎東洋
　　史學論集》第一卷《唐代藩鎮の支配体制》第一部《支那中世の軍閥——唐代藩鎮の
　　成立と盛衰》，三一書房 1980 年版，第 89 頁。

95　郭潤濤：《中國幕府制度的特徵、形態和變遷》，載《中國史研究》1997 年第 1 期；
　　石雲濤《唐代幕府制度研究》，第 117-118、275 頁。不過，石氏的論述稍可商榷，
　　如：「憲宗以前，方鎮除為僚佐奏請朝官與憲官外，幕職的署任似乎不必上報朝廷批
　　准，即『不定言人數及所請職名』，朝廷亦不加干預。……穆宗以後，方鎮幕職的署
　　任則連同所帶朝官與憲官則都要上奏明廷」，所引「不定言人數及所請職名」一語，
　　未言出處，似出自王溥《唐會要》卷七九《諸使下‧諸使雜錄下》（下冊，第 1448 頁）
　　唐文宗開成三年（838）四月中書門下的奏文，是指宰相帶平章事出鎮奏請官為幕
　　佐的舊例，不知為何移用於此？而且唐憲宗以前辟署幕府職佐需要奏聞朝廷之例甚
　　多，如《舊唐書》卷一三六《齊映傳》記載建中（780-783）初，「會張鎰出鎮鳳翔，
　　奏為判官」；卷一四○《盧群傳》載其於「興元元年（784），江西節度、嗣曹王皋奏
　　為判官"，第 3750、3833 頁。

96　李晚成：《中國幕僚制度考論》，載《上海師大學學報》1988 年第 1 期。

戰亂之際，又偏處在西北邊陲，割據一方，藩帥辟署幕佐奏聞朝廷之例未見明確記載，似未履行這一手續。[97]限於篇幅及與歸義軍個案無涉，本文對此不作探討，將來擬撰《唐五代藩鎮辟署幕佐的奏聞程序》進行考論。

（二）幕佐加官的奏授與遷轉

與藩帥一樣，幕佐亦須兼帶加官。石雲濤認為，「邊鎮僚佐兼職情況有一個變化過程。開元前期，節度使府未見有帶朝銜與憲銜的現象。這個時期幕府僚佐常以節度使管內州府郡官吏兼充使府幕職」；開元後期，藩帥多奏請朝官入幕充職，由於他們「久在邊鎮，便不能不奏請某朝銜來表示其官職的升遷和身分、資歷的變化」。[98]發展到後來，所有的幕佐均需由藩帥向中央奏授京銜。學界在研究辟署制度時，往往對加官一併予以討論。不過正如孟彥弘在評論石氏《唐代幕府制度研究》一書時所言：「在關於辟署制度的研究中，對作為使職差遣的僚佐與其朝銜、地方官銜、憲銜之間的關係還可深入；這其中既有職事官階官化的趨勢，也有方鎮與地方，特別是與治所州郡之間的關係問題。」[99]近十年來，關於藩鎮幕職所帶檢校官、試官、兼官的研

97　敦煌文獻中也有藩帥「薦」授幕佐、鄉官的記載，如 P.3518v《張保山邈真贊並序》云：「回騎西還，薦茲勞績，當僉左馬步都虞候。……又至天廷，所論不闕。慕公忠赤，報以前勳，乃薦左都押衙」；P.3718《張良真生前寫真贊並序》云：「故主司空稱愜，薦委首鄉大官」。但這些「薦」字是否為歸義軍藩帥向中央朝廷奏薦幕職或鄉官，尤其是鄉官為基層吏職，尚有疑義。

98　石雲濤：《唐開元、天寶時期邊鎮僚佐辟署制度》，載《唐研究》第 7 卷，2001 年。

99　孟彥弘：《石雲濤〈唐代幕府制度研究〉》，載《唐研究》第 9 卷，北京大學出版社 2003 年版。

究已有明顯進展，[100]但對這些加官的探討還顯得比較孤立，尚需加強與幕職之間的聯動考察。

《舊唐書》卷一四五《吳少誠附吳少陽傳》云：「署為軍職，累奏官爵」，即指幕佐由藩帥自行辟署，而加官則需向朝廷奏請方能授予。卷一二二《裴冑傳》云：

陳少游陳鄭節度留後，奏冑試大理司直。少游罷，隴右節度李抱玉奏授監察御史，不得意，歸免。陳少游為宣歙觀察，復辟在幕府，抱玉怒，奏貶桐廬尉。浙西觀察使李棲筠有重望，虛心下士，幕府盛選才彥。觀察判官許鴻謙有學識，棲筠常異席，事多咨之；崔造輩皆所薦引，一見冑，深重之，薦於棲筠，奏授大理評事、觀察支（原有「度」字，當衍）使。……淮南節度陳少游奏檢校主客員外、兼侍御史、觀察判官。

裴冑遊歷陳鄭、隴右、宣歙、浙西、淮南諸鎮，被闢為幕佐，各藩帥還為他向唐廷奏授了試官（大理司直、大理評事）、檢校官（主客員外郎）、兼官（監察御史、侍御史）；卷一二七《張光晟傳》記載，河東節度使王思禮「即日擢光晟為兵馬使，賚田宅、縑帛甚厚，累奏特進、試太常少卿」，除試官外，還提到了文散官（特進）。於良史為徐泗濠節度使張建封的幕佐，經常自吟：「出身三十年，白髮衣猶碧。日暮倚

---

100 賴瑞和：《論唐代的檢校官制》，載《漢學研究》第 24 卷第 1 期，2006 年；張東光：《唐代的檢校官》，載《晉陽學刊》2006 年第 2 期；馮培紅：《論唐五代藩鎮幕職的帶職現象──以檢校、兼、試官為中心》，載《唐代宗教文化與制度》，第 133-210 頁；朱溢：《論晚唐五代的試官》，載《國學研究》第 19 卷，2007 年。

朱門，從未污袍赤」，「公聞之，為奏章服焉」。[101]以上皆是藩帥為其幕佐向朝廷奏授加官之例證。

　　唐五代文集中保存了許多中央給藩鎮幕佐授予加官的制書，如白居易撰《武寧軍軍將郭曇等五十八人加大夫賓客詹事太常卿殿中監制》授予的是兼官、檢校官、試官，《神策軍及諸道將士某等一千九百人各賜上柱國勛制》授賜的是勛官，《兵部郎中知制誥馮宿侍御史裴注義武軍行軍司馬御史中丞蕭籍饒州刺史齊照鄧州刺史渾鐵並可朝散大夫同制》中的蕭籍是位高級幕佐，被授予了文散官，[102]徐鉉撰《浙西判官高越可檢校水部郎中賜紫制》除檢校官外，還有賜紫之章服。[103]在敦煌文獻中，也有一些朝廷授賜加官的制書，如 P.2234《妙法蓮華經度量天地品第廿九》在包首的位置有：

　　　　（前缺）
1.　　　右可銀青光
2.　　　祿大夫、檢校
3.　　　太子賓客，余
4.　　　如故。
5.　□靈武節度押衙、
6. 銀青光祿大夫、檢
　　　　（後缺）

101 王讜著、周勛初校證：《唐語林校證》卷四《企羨》，中華書局 1987 年版，上冊，第 360 頁。

102 白居易：《白氏文集》卷五二《中書制誥五》、卷四九《中書制誥二》，見《元氏長慶集》第七峽，文學古籍刊行社 1955 年版，第 2 冊，第 1253、1189、1191-1192 頁。

103 董誥等：《全唐文》卷八七九，中華書局 1983 年版，第 9 冊，第 9196 頁。

該制被用作佛經的包首，前後皆殘，記錄了中央給靈武節度押衙授予文散官（銀青光祿大夫）、檢校官（太子賓客）等內容。授賜勛官的制書頗多，茲以 P.2547 pièce 1《敦煌郡張懷欽等五百人授騎都尉制》為例（圖 1-5）：

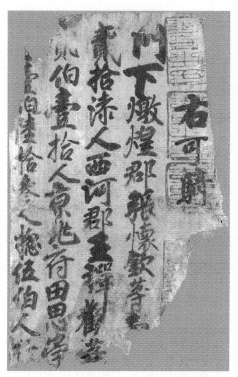

▲ 圖 1-5　P.2547 pièce 1《敦煌郡張懷欽等五百人授騎都尉制》

　　（前缺）

1.　　　右可騎[　　　　]

2. 門下：敦煌郡張懷欽等壹伯

3. 貳拾柒人，西河郡王禪觀等

4. 貳伯壹拾人，京兆府田思崇

5. 等壹伯陸拾參人。總伍伯人。□

（後缺）

第一行「右可騎」後可補「都尉」二字，騎都尉是從五品上的勛官。在該行上鈐有五枚「尚書司勛告身之印」，第二行首題「門下」二字，可證唐中央給張懷欽等五百人統一授予了騎都尉之勛官。

晚唐五代宋初，歸義軍藩帥也積極地為其幕佐向中央朝廷奏授加官。P.2729 +P.3715 +P.5015《歸義軍僧官書儀》中有多篇謝官與賀官之作，如《謝與兄弟奏官》云：「兄弟素無才術，累授崇班；司空念以微勞，又奏章憲」；《勿（忽）有賀（加）官有人來相賀卻答云》記：「某乙材見荒薄，業無所觀。伏蒙司空奏授恩命，下情無任感慰。」「司空」為張議潮，可見歸義軍初期他為幕佐向唐廷奏授了加官。P.4660《河西節度故左馬步都押衙銀青光祿大夫檢校太子賓客兼侍御史陰文通邈真贊》云：「名彰鳳閣，敕授榮班。司空半子，超擢升遷。」同號《唐河西節度押衙兼侍御史鉅鹿索公邈真贊》云：「奇眸卓犖，儁異貂蟬。功庸阜績，名播九天。位添衙爪，敕賜衣冠」，這裡同時記錄了他們被辟署之幕職與奏授之京官。撇開幕職不論，前贊中的「鳳閣」為中書省，此處指代中書門下，應是其岳父張議潮奏薦後唐廷敕授了加官；後贊中的「九天」亦指朝廷，給他敕賜了「貂蟬」即兼侍御史。P.3390《晉故歸義軍節度左班都頭銀青光祿大夫檢校左散騎常侍兼御史大夫上柱國南陽張安信邈真贊並序》云：

況公累任大務，當途不起而非邪；數處極司，克己謙和而向主。遂使皇恩遠降，宣賜寵秩之榮；錫賚崇遷，顯受勛階之品。方欲致身

奉命，上報君恩。……國恩遠降，寵秩榮崇。

「累任大務」、「數處極司」，是說辟署幕佐；而「宣賜寵秩之榮」、「顯受勛階之品」，則指賜授文散官、檢校官、兼官、勛官等加官，從「皇恩遠降」、「國恩遠降」可知，這些加官是後晉使節遠道來到敦煌宣賜的。P.2568《南陽張延綬別傳》云：「於時光啟三年（887）三月七日，寵授左千牛、兼御史中丞」，Ch. xviii. 002《張延鍔寫經題記》亦曰：「時當龍紀二載（890）二月十八日，弟子將仕郎、守左神武軍長史、兼御史中丞、上柱國、賜緋魚袋張近（延）鍔敬心寫畫此經一冊，此皆是我本尊經法及四大天王、六神將等威力，得受憲銜，兼賜章服，永為供養記」，[104]延綬、延鍔的幕職未被提及，但先後得到了唐僖宗、昭宗授賜的各種加官，自然是其父張淮深為他們奏授的。

除了藩帥一般性的奏薦外，幕佐獲得加官還有一條快捷方式，那就是作為使節出使入京，這樣就有機會面見皇帝，更容易獲授加官。趙璘《因話錄》卷三《商部下》云：「李相公石，是庾尚書承宣門生。不數年，李任魏博軍，因奏事，特賜紫，而庾尚衣緋，人謂李侍御將紫底緋上座主」，[105]即因入京奏事而被授予賜紫之章服。這種情況在歸

---

104 Arthur Waley，*A Catalogue of Paintings Recovered from Tun-uang by Sir Aurel Stein*，K. C. I. E.，
　　London： the trustees of the British museum and of the government of India，1931，p.261。
105 趙璘：《因話錄》卷三《商部下》，上海古籍出版社 1979 年版，第 83 頁。

義軍時期也比較常見，[106]杜牧撰《沙州專使押衙吳安正等二十九人授官制》云：

　　敕。沙州專使、衙前左厢都知押衙吳安正等。……爾等咸能竭盡肝膽，奉事長帥。將其誠命，經歷艱危。言念忠勞，豈吝爵位。官我武衛，仍峻階級。以慰皇華，用震殊俗。可依前件。[107]

這是大中初唐宣宗給入京獻捷的沙州使節吳安正等人的授官制書，所授官爵應為散官（即階官）、試官、將軍號、封爵等。S.2059《〈佛説摩利支天菩薩陀羅尼經〉序》記載張球「自後入奏，又得對見□□龍顏。所蒙錫賚，兼授憲官」，顏廷亮認為唐懿宗所授憲官為守監察御史。[108] P.4660《前河西節度都押衙兼馬步都知兵馬使銀青光祿大夫檢校太子賓客監察御史右威衛將軍令狐公邈真贊》云：「入京奏事，聰耳知聞。遞其果敢，印佩將軍」，雖不能確知標題中的所有加官是否都來自

---

106 然而，也有學者因不了解唐五代官制而出現誤解，如王重民在考釋《新集吉凶書儀二卷》時，對所題「河西節度掌書記、儒林郎、試太常寺協律郎張敖撰」之結銜作過推測：「按『河西節度使』當是『河西歸義軍節度使』之簡稱，敖蓋張議潮之族人，得試太常寺，殆曾隨歸義軍節度使入朝歟？」姜亮夫進一步肯定了這一觀點：「『河西節度使』當即『河西歸義軍節度使』之省稱。太常寺協律郎，則當隨使入朝所得職官。」參王重民：《敦煌古籍敘錄》卷三《子部上》，中華書局 1979 年版，第 225 頁；姜亮夫：《姜亮夫全集》第 11 冊《莫高窟年表》，雲南人民出版社 2002 年版，第 387 頁。這一常識性的錯誤，已為趙和平《晚唐五代時的三種吉凶書儀寫卷研究》（載《文獻》1993 年第 1 期）所批判：「張敖有可能是張議潮族人，但未見確證。至於『得試太常寺』，是因為『隨使入朝所得職官』，似也應為推測。唐代慣例，節度使屬官皆有中央官職，杜甫稱杜工部，並不是實任工部員外郎，而是嚴武為杜奏求的一個加官。那麼，張敖得『太常寺協律郎』也不必一定入朝。」

107 杜牧：《樊川文集》卷二〇，載吳在慶《杜牧集系年校注》，第 3 冊，第 1133 頁。

108 顏廷亮：《有關張球生平及其著作的一件新見文獻——〈《佛説摩利支天菩薩陀羅尼經》序〉校錄及其他》，載《敦煌研究》2002 年第 5 期。

廷授，但至少右威衛將軍必是在朝見唐僖宗時獲授的。同號《大唐前
河西節度押衙銀青光祿大夫檢校太子賓客甘州刪丹鎮遏〔使〕充涼州
西界遊弈防采營田都知兵馬使兼殿中侍御史康通信邈真贊》中有「天
庭奏事，薦以高勛」之語，它告訴我們，即使是出使入京，仍需由藩
帥奏薦，朝廷才會授賜加官。

　　P.3518v《大唐河西歸義軍節度左馬步都押衙銀青光祿大夫檢校右
（左）散騎常侍兼御史大夫上柱國故張保山邈真贊並序》記載他在張承
奉時擔任新城鎮遏使，奉命出使後梁京城開封：

　　效壯節得順君情，念依（衣）冠而入貢。路無阻滯，親入九重。
上悅帝心，轉加寵秩，得授左散騎常侍、兼御史大夫。

新城鎮是歸義軍的「東陲大鎮」，作為鎮遏使對東通中原的情況較為熟
悉，故被藩帥張承奉派遣入京。張保山受到後梁太祖的接見，被加授
檢校左散騎常侍、兼御史大夫。據楊寶玉、吳麗娛考證，「張保山得授
散騎常侍兼御史大夫的那次出使當發生於後梁開平二年前後」。[109]與張
保山類似，P.3718《唐故河西歸義軍左馬步虞候銀青光祿大夫檢校左散
騎常侍上柱國梁幸德邈真贊並序》載其出使後唐京城洛陽：

　　於是賢臣降世，應節以順君情；奉貢東朝，不辭路間之苦。乃遇
睿慈合允，累對頻宣。封賜衣冠而難量，恩詔西陲而准奏。面遷左散
騎常侍，兼使臣七十餘人。

---

109 楊寶玉、吳麗娛：《歸義軍朝貢使張保山生平考察與相關歷史問題》，載《中國史研
　　究》2007 年第 4 期。

他的檢校左散騎常侍也是被後唐末帝當廷授予的。至於兩贊標題中的文散官、勛官是否亦為廷授，則不得而知。

敦煌邈真贊文獻與石窟供養人畫像中的題名，保存了許多歸義軍官吏的職官結銜，內容豐富，價值珍貴。茲先以《敦煌邈真贊校錄並研究》為依據，對三十五名歸義軍幕府僚佐的加官情況統計如下（表1-6）：[110]

序號	加官類型	人數	比例
1	銀青光祿大夫＋檢校工部尚書＋兼御史大夫＋上柱國	1	4.5%
2	銀青光祿大夫＋檢校左散騎常侍＋兼御史大夫＋上柱國	5	22.7%
3	銀青光祿大夫＋檢校左散騎常侍＋上柱國	1	4.5%
4	銀青光祿大夫＋檢校國子祭酒＋兼御史大夫＋上柱國	5	22.7%
5	銀青光祿大夫＋檢校國子祭酒＋兼御史中丞＋上柱國	3	13.4%
6	銀青光祿大夫＋檢校國子祭酒＋兼侍御史＋上柱國	2	9.1%
7	銀青光祿大夫＋檢校國子祭酒＋兼侍御史	1	4.5%
8	銀青光祿大夫＋檢校國子祭酒＋兼殿中侍御史	2	9.1%
9	銀青光祿大夫＋檢校國子祭酒＋兼監察侍御	1	4.5%
10	銀青光祿大夫＋檢校太子賓客＋兼侍御史	1	4.5%
11	銀青光祿大夫＋檢校太子賓客＋兼殿中侍御史	1	4.5%

---

110 姜伯勤、項楚、榮新江：《敦煌邈真贊校錄並研究》，新文豐出版公司1994年版，第152-332頁。統計資料僅取歸義軍幕府僚佐，而不包括唐河西都防禦使、西漢金山國、吐蕃的官吏及歸義軍的州縣官（由幕佐兼知的縣鄉官仍統計在內）、僧官，有些邈真讚的撰者官銜重複，只計一次。

續表

序號	加官類型	人數	比例
12	銀青光祿大夫 + 檢校太子賓客 + 兼監察御史 + 上柱國	1	4.5%
13	銀青光祿大夫 + 檢校太子賓客 + 兼監察御史 + 右威衛將軍	1	4.5%
14	銀青光祿大夫 + 檢校太子賓客	1	4.5%
15	朝議郎 + 檢校尚書主客員外郎 + 柱國 + 賜緋魚裝	1	4.5%
16	宣德郎 + 兼御史中丞 + 柱國	1	4.5%
17	宣義郎 + 兼監察御史	1	4.5%
18	檢校左散騎常侍 + 上騎都尉	1	4.5%
19	兼御史大夫	1	4.5%
20	兼御史中丞 + 上柱國	1	4.5%
21	兼御史中丞	2	9.1%
22	兼侍御史	1	4.5%

▲ 表 1-6

表 1-6 據以統計的敦煌邈真贊，時代包括歸義軍張氏和曹氏時期，能夠反映唐宋之際歸義軍幕佐加官的演變。在這些加官中，文散官有宣義郎（從七品下）、宣德郎（正七品下）、朝議郎（正六品上）、銀青光祿大夫（從三品）四種，檢校官有尚書主客員外郎（從六品上）、太

子賓客、國子祭酒[111]、左散騎常侍、工部尚書（皆正三品）五種，兼官包括了御史臺的主要五種官員，勛官有上騎都尉（正五品上）、柱國（從二品）、上柱國（正二品）三種，另外還有右威衛將軍（從三品）、賜緋魚袋，低品的試官已然不見，亦無封爵。總體而言，表1-6的加官範圍比較廣，類型亦多，官品間有一定的差距，所占比例較均勻。不過，文散官大多為銀青光祿大夫，勛官大多為上柱國，檢校官也多為三品，這是晚唐五代加官品級越來越高，氾濫施授的現象越益嚴重的發展趨勢。

唐末，「梁祖鎮夷門，〔袁〕象先起家授銀青光祿大夫、檢校太子賓客、兼御史中丞」。[112]作為加官，這種高品起家官到五代後唐已發展得極為普遍。《資治通鑑》卷二七五後唐明宗天成元年（926）條云：

當是時，所除正員官之外，其餘試銜、帖號止以寵激軍中將校而已。及長興（930-933）以後，所除浸多，乃至軍中卒伍，使州鎮戍胥吏，皆得銀青階及憲官，歲賜告身以萬數矣。

---

111 《舊唐書》卷四二《職官志一》「從第三品」所列官員中有國子祭酒，但又有「入正三品」一語；據「校勘記」〔一二〕：「《十七史商榷》卷八一云：『入正三品四字是衍文』」，第1792、1812頁。然而，杜牧《田克加檢校國子祭酒依前宥州刺史制》（載吳在慶《杜牧集系年校注》，第3冊，第1065頁）云：「敕。銀青光祿大夫、檢校太子賓客、使持節宥州諸軍事、兼宥州刺史、御史中丞、充經略軍使、押蕃落副使、左神策軍宥州行營都知兵馬使、上柱國、雁門郡開國侯、食邑一千戶田克，……可檢校國子祭酒，余並如故」，檢校官從太子賓客遷為國子祭酒。又，《新唐書》卷五五《食貨志五》（第1403頁）記載，會昌年間（841-846）官員定俸，其中散騎常侍、國子祭酒、太子賓客皆八萬，國子祭酒的位序亦排在太子賓客之前。很可能在唐後期官品發生了變動，國子祭酒已從三品升為正三品。

112 《舊五代史》卷五九《唐書·袁象先傳》，第796頁。

由此可見，後唐對藩鎮軍將、胥吏施授加官已極氾濫。在敦煌，曹議金於九二四年被後唐任命為歸義軍節度使，為了慶祝這一事件，翌年舉行了第九十八窟落成典禮，[113]把歸義軍文武僚佐、僧官大德繪到了窟中。該窟甬道與主室下方現存二百餘身供養人畫像，除去三位節度使及女眷、僧侶，有職官題銜的幕佐達九十七人，無一例外皆帶節度押衙，其中二十六人兼知其他官職。這些幕佐所帶的加官，依次為文散官、檢校官、兼官、勛官。茲將該窟中幕佐的加官情況按其類型列表於下（表1-7）：[114]

序號	加官類型	人數		比例		新序
1	銀青光祿大夫＋檢校國子祭酒＋兼御史中丞＋上柱國	34	35	35.1%	36.1%	A
2	銀青光祿大夫＋？＋兼御史中丞＋上柱國	1		1%		
3	銀青光祿大夫＋檢校國子祭酒＋兼侍御史＋上柱國	1		1%		B
4	銀青光祿大夫＋檢校太子賓客＋兼監察侍御史	6		6.2%		C
5	銀青光祿大夫＋檢校太子賓客＋兼監察御史	34	45	35.1%	46.3%	D

---

113 賀世哲、孫修身：《瓜沙曹氏與敦煌莫高窟》（載敦煌文物研究所編《敦煌研究文集》，甘肅人民出版社1982年版，第230-231、265頁）認為第98窟的建造時間在同光（923-926）前後，榮新江《關於曹氏歸義軍首任節度使的幾個問題》（載《敦煌研究》1993年第2期）更進一步考定在同光三年（925）六月前後。

114 敦煌研究院編：《敦煌莫高窟供養人題記》，第34-48頁。

續表

序號	加官類型	人數		比例		新序
6	銀青光祿大夫 + 檢校太子賓客 + ？	8		8.2%		
7	銀青光祿大夫 + ？ + 兼監察御史	1	45	1%	46.3%	D
8	？ + 檢校太子賓客 + 兼監察御史	1		1%		
9	？ + 檢校太子賓客 + ？	1		1%		
10	銀青光祿大夫 + 檢校太子賓客	8		8.2%		E
11	？	2		2.1%		F

▲ 表 1-7

　　需加說明，石窟題記中有些文字漫漶脫落，難以辨識，如第 2 項缺檢校官，但從其排序及其他加官推測，當為檢校國子祭酒，故可並入第 1 項，即為 A 型；第 3 項的兼官，敦煌研究院專家錄作「兼御侍史」，茲改為「兼侍御史」；第 4 項的「兼監察侍御史」，窟中共出現六處，不知是監察御史還是侍御史，姑依原文照列，單作一項；第 6 項缺兼官、第 7 項缺檢校官、第 8 項缺文散官，第 9 項缺文散官、兼官，是文字脫落，從其排序及其他加官推測，可並入第 5 項，即為 D 型。由表 1-7 可見，這九十七位幕佐的加官中，D 型入數最多，其次為 A 型，合計八十人，比例占 82.5%，是五代藩鎮幕佐最普遍的加官模式。他們的文散官皆為銀青光祿大夫；凡帶檢校國子祭酒者，必帶上柱國之勳官，兼官多為御史中丞（正四品下）；而帶檢校太子賓客者，皆無勳官，兼官多為監察御史（正八品上）。

　　對比表 1-6 與表 1-7 可以發現，前者時間跨度長，加官內容豐富多元，比例較為均勻，官品差距亦大；而後者集中在五代曹議金時，加官形式較單一，官品普遍都高。這九十七位幕佐的 A、D 二型加官如此多且整齊，很可能是曹議金向後唐朝廷統一奏授的。此後，幕佐加官的濫授更趨嚴重，後晉中書舍人李詳上疏：「十年以來，諸道職掌，皆許推恩，藩方薦論，動逾數百，乃至藏典書吏、優伶奴僕，初命則至銀青階，被服皆紫袍象笏，名器僭濫，貴賤不分」；洪邁的祖先「在南唐時皆得銀青階，至檢校尚書、祭酒。然樂平縣帖之全稱姓名，其差徭正與里長等」。[115]趙彥衛《雲麓漫鈔》卷三亦云：「初遇赦，即帶銀、酒、監、武，銀謂銀青光祿大夫，酒謂檢校國子祭酒，監謂兼監察御史，武謂武騎尉」，胡某於宋初「乾德四年（966）為衡州押衙、銀青光祿大夫、檢校太子賓客，監、武如式」，後來被判作「衙校各帶憲銜，止是吏職，不合理為官戶」，[116]可見在五代十國及宋初，由於加官授賜氾濫，擁有這些官銜甚至已經不被看作是官吏，其身分與百姓幾無差別。在曹氏歸義軍時期，P.3805《後唐同光三年（925）六月壹日前子弟銀青光祿大夫檢校太子賓客上柱國宋員進改補充節度押衙牒》、P.3290v《宋至道二年（996）三月前子弟銀青光祿大夫檢校太子賓客索定遷改補充節度押衙牒》記載五代後唐、北宋歸義軍子弟所帶加官的情況，正是非幕職之加官濫授的反映。

　　雖然敦煌文獻與石窟題記中關於歸義軍幕佐加官的資料甚多，但涉及遷轉的卻極少，這一點不像藩帥加官的遷轉那麼頻繁與豐富，可能藩帥極看重那些代表著中央的稱號，而幕佐除非是親至京城而獲廷

---

115 洪邁：《容齋隨筆》之《容齋續筆》卷五《銀青階》，上冊，第 275- 276 頁。
116 趙彥衛：《雲麓漫鈔》卷三，中華書局 1996 年版，第 38-39 頁。

授之殊榮，否則一般性的奏薦所得因為氾濫貶值而不被重視，故在邈
真贊中大多詳記幕佐的升遷，至於加官則僅在標題中具列而已。所幸
的是，有些歸義軍文職僚佐，如判官、掌書記、孔目官等，為他人撰
寫了多篇邈真贊或墓誌銘，題署了他們在不同時期的職官結銜，可以
借此觀察這些幕佐的加官遷轉情況。最著名的當屬張球，前論他在八
六一年歸義軍收復涼州後入京奏事，被當廷授予守監察御史；此後長
期在沙州刺史府中擔任軍事判官；約在八七六年前後升任節度判官，
至八八七年項權掌書記。茲將其擔任幕佐期間的加官列表於下（表
1-8）：

幕佐	文散官	檢校官	兼官	勛官	章服	時間	出處
歸義軍諸軍事判官	宣義郎	——	監察御史	——	——	876 年	P.4660
節度判官	宣德郎	——	御史中丞	柱國	——	876-887 年	P.3288
河西節度判官權掌書記	朝議郎	——	御史中丞	柱國	賜緋魚裝	887 年	P.2568
節度掌書記	——	——	御史中丞	柱國	賜緋魚裝	890 年	P.2913v
河西節度判官權掌書記	朝議郎	——	御史中丞	柱國	賜緋魚裝	892 年	《索勛碑》
節度判官	朝議郎	尚書主客員外郎	——	柱國	賜緋魚裝	890 年後	P.2913v

▲ 表 1-8

　　他的文散官升遷依次為：宣義郎（從七品下）→宣德郎（正七品下）→朝議郎（正六品上），階序呈穩中遞升；檢校尚書主客員外郎為從六品上，與其所帶朝議郎之文散官相符配；兼官從監察御史（正八品上）到御史中丞（正四品下）之間，相差很大，中間應當還有其他升階過程，只是敦煌文獻闕載而已；勛官一直為柱國（從二品）；由於他的文散官不到五品，所以還帶有賜緋魚袋之章服。又，楊繼恩在曹氏歸義軍前期擔任節度孔目官、兼管內諸司都勾押使，從他撰於九四二年的 P.3718《閻勝全邈真贊並序》，到撰於九四六年的 P.2482《閻海員邈真贊並序》，其兼官從御史中丞晉升為御史大夫（從三品）。

　　藩鎮幕佐加官的遷轉，需要遵循一定的改轉週期和奏薦員額的規定，可是「諸道幕府判官及諸軍將，比奏改官，例多超越」的現象始終存在。[117]貞元十六年（800）十二月敕曰：「諸道觀察、都團練、防禦及支度、營田、經略、招討等使，應奏副使、行軍、判官、支使、參謀、掌書記、推官、巡官，請改轉臺省官，宜三週年以上與改轉。」[118]由於加官的過度濫授，這一規定不斷遭到破壞。《新唐書》卷一八五《鄭畋傳》云：「舊制，使府校書郎以上，滿三歲遷；監察御史裡行至大夫、常侍，滿三十月遷。雖節度兼宰相，亦不敢越。自軍興，有歲內數遷者，畋以為不可，請：『行營節度，絲裡行至大夫，許滿二十月遷；校書郎以上，滿二歲乃奏。非軍興者如故事』」，可見晚唐時幕佐的加官竟然出現了一年中幾次遷轉的情況，為了禁止這種現象，鄭畋奏請兼官以二十個月為限，試官、檢校官以二週年為限，比之從前已

117　王溥：《唐會要》卷七八《諸使中・諸使雜錄上（奏薦附）》，下冊，第 1440 頁。

118　王溥：《唐會要》卷七八《諸使中・諸使雜錄上（奏薦附）》，下冊，第 1441 頁。同書又載長慶三年（823）三月敕亦曰：「諸道軍府大將，帶監察已上官者，三週年與改轉」，下冊，第 1442 頁。

作了讓步。不但改轉週期過勤，造成加官品級越來越高；而且奏薦數
量之大，也遠遠超出了制度規定。白居易撰《武寧軍軍將郭暈等五十
八人加大夫賓客詹事太常卿殿中監制》、《張偉等一百九十人除常侍中
丞賓客詹事等制》，[119]動輒數十人或上百人；在敦煌地區，前揭杜牧撰
《沙州專使押衙吳安正等二十九人授官制》，數目亦頗可觀。咸通十二
年（871）七月辛丑，中書門下奏曰：「諸道節度及都團練、防禦使下
將校，奏轉試官及憲御等，令諸節度事（使）每年量許五人，都團練、
防禦量許三人為定，不得更於其外奏請」，[120]這種限額規定實際上是一
紙空文。莫高窟第九十八窟中現存九十七名節度押衙，應當是歸義軍
藩帥曹議金向後唐中央統一奏授的，這正是李詳所言「藩方薦論，動
逾數百」的真實寫照。

三、州縣鄉官及其加官

　　州縣官列諸以《大唐六典》為代表的典志史籍，屬於朝廷命官，
但從唐中葉起受到了凌駕其上的藩鎮的干涉。安史之亂期間，為了抗
擊叛軍，唐玄宗下制曰：「其諸路本節度使虢王巨等並依前充使，其署
置官屬及本路郡縣官，並任自簡擇，署訖聞奏」，[121]遂為藩鎮侵奪朝廷
對州縣官的任命權開啟了先例。唐後期五代，藩帥經常差遣幕佐兼知
州縣官，有的甚至直接進行辟署，即白居易《江州司馬廳記》所云：

---

119 白居易：《白氏文集》卷五二《中書制誥五》，見《元氏長慶集》第七帙，第 2 冊，
　　第 94、101 頁。

120 《舊唐書》卷一九上《懿宗紀》，第 678 頁。

121 《資治通鑑》卷二一八，唐肅宗至德元載（756）條，第 6984 頁。詳參《全唐文》卷
　　三六六賈至《元宗幸普安郡制》，第 4 冊，第 3719-3720 頁。

「郡守之職，總於諸侯帥；郡佐之職，移於部從事。」[122]鄭炳俊《唐代藩鎮的州縣官任用》一文專門探討了唐中央與藩鎮對州縣官任用權的鬥爭；[123]後來，陳志堅、賴瑞和考察了藩鎮實行的州縣攝官制度，表明了藩帥對州縣官的控制與干預。[124]這種情況，直到五代後期才有所改變。[125]

（一）刺史的奏薦與朝命

關於唐五代州級長官的研究，學界已取得不少成績，[126]而對於刺史的選任，大多注目於刺史與京官之間的遷轉。唐後期五代，中央雖然試圖加強與州之間的直達關係，[127]但介乎其間的藩鎮卻是一股不可忽視的力量，很難輕易繞開。藩鎮對屬州刺史的選任，究竟起到了多大程度的干預？這一情況應取決於藩鎮對中央的逆順程度。

割據型藩鎮以河朔三鎮最為典型，往往自行任命州縣官，如魏博節度使，「郡邑官吏，皆自署置」；成德軍節度使，「不稟朝旨，自補官

---

122 白居易：《白氏文集》卷四三《記序》，見《元氏長慶集》第七帙，第 1067 頁；《全唐文》卷六七六，第 7 冊，第 6899 頁。

123 〔韓〕鄭炳俊：《唐代藩鎮的州縣官任用》，載《東洋史學研究》第 54 輯，1996 年。

124 陳志堅：《唐代州郡制度研究》，上海古籍出版社 2005 年版，第 86-93、125-127 頁；賴瑞和《論唐代的州縣「攝」官》，載《唐史論叢》第 9 輯，三秦出版社 2007 年版。

125 李昌憲：《五代削藩制置初探》，載《中國史研究》1982 年第 3 期；〔韓〕金宗燮《五代時期中央對地方的政策研究——以對州縣政策為主》，載張國剛主編《中國中古史論集》，天津古籍出版社 2003 年版，第 388-401 頁。

126 〔日〕築山治三郎：《唐代政治制度の研究》，創元社 1967 年版，第 323-356、516-546 頁；〔日〕長部悦弘：《唐代州刺史研究——京官との関連——》，載《奈良史学》第 9 號，1991 年；郁賢皓：《唐刺史考全編》，安徽大學出版社 2000 年版；陳志堅：《唐代州郡制度研究》第二編第一章「州郡長官制度」，第 41-75 頁；張榮芳：《唐代京兆尹研究》，學生書局 1987 年版；〔日〕清木場東：《五代の知州に就いて》，載《東方学》第 45 輯，1973 年。

127 〔韓〕鄭炳俊：《唐後半期の地方行政體系について——特に州の直達・直下を中心として——》，載《東洋史研究》第 51 卷第 3 號，1992 年。

吏」；幽州節度使，「文武將吏，擅自署置」，[128]《新唐書》卷二一三《藩鎮橫海・程日華傳》亦有「河朔刺史不廷授幾三十年」之語。P.4050+S.5613《書儀》之《賀年書》云：「伏承司空仁恩，察以公幹，擢拜河間」，「某不才，司空仁恩，差攝某州」，河間郡（瀛州）屬幽州節度使，這件敦煌書儀反映了河朔藩鎮自命刺史的情況。不過在換帥易主之際，它們也會與中央達成一定的妥協，如元和七年（812）十二月，兵變後上臺的魏博節度使田弘正向唐廷上奏：「管內州縣官二百五十三員，內一百六十三員見差假攝，九十員請有司注擬」，得到了批准。[129]這種差攝州縣官形同辟署，即使在非割據型的邊遠藩鎮也有存在，如孔戣《奏加嶺南州縣官課料錢狀》云：「刺史、縣令，皆非正員，使司相承，一例差攝。」[130]

其次，藩鎮對屬州刺史的選任擁有奏薦權，如淄青節度使李正己為其子李納「奏署淄州刺史」，其孫李師古亦「累奏至青州刺史」；[131]崔旰被劍南西川節度使嚴「武奏為漢州刺史」，[132]劉玄佐被永平軍「節度使李勉奏署宋州刺史」，[133]皆為藩帥奏授屬州刺史之例證。然而，藩帥奏授州縣官的情況不可一概而論。《因話錄》卷二《商部上》云：

---

128 《舊唐書》卷一四一《田承嗣傳》、卷一四二《李寶臣傳》、卷一四三《李懷仙傳》，第 3838、3866、3895-3896 頁。又《資治通鑑》卷二二五，唐代宗大曆十一年（776）條云：「李靈曜既為〔汴宋〕留後，益驕慢，悉以其黨為管內八州刺史、縣令，欲效河北諸鎮」，第 7238 頁。

129 王溥：《唐會要》卷七五《選部下・雜處置》，下冊，第 1364 頁。

130 《全唐文》卷六九三，第 7 冊，第 7110 頁。

131 《舊唐書》卷一二四《李正己傳》，第 3536、3537 頁。

132 《舊唐書》卷一一七《崔寧傳》，第 3398 頁。

133 《舊唐書》卷一四五《劉玄佐傳》，第 3931 頁。

郭汾陽在汾州，嘗奏一州縣官，而敕不下。判官張曇言於同列，以令公勛德，而請一吏致阻，是宰相之不知體甚也。汾陽王聞之，謂僚屬曰：「自艱難以來，朝廷姑息方鎮武臣，求無不得。以是方鎮跋扈，使朝廷疑之，以致如此。今子儀奏一屬官不下，不過是所請不當聖慮。上恩親厚，不以武臣待子儀，諸公可以見賀矣！」聞者服其公忠焉。[134]

一些跋扈方鎮奏授州縣官求無不允，而忠於朝廷的郭子儀卻奏而不下，反映了不同的藩鎮性格。前者雖然在形式上由中央任命，但藩鎮已實際控制了對屬州刺史的任命權。歸義軍境內諸州刺史的選任，就屬於這種情況，名義上由藩帥向朝廷奏授，但只要看看刺史的人選構成，即可知道其選任權已實掌在歸義軍藩帥之手。

歸義軍經過十餘年的征戰，到八六一年攻克涼州後，形成了《張淮深碑》所說的「西盡伊吾，東接靈武，得地四千餘里，戶口百萬之家。六郡山河，宛然而舊」的廣大轄區。所謂「六郡」，是指沙、瓜、肅、甘、涼、伊六州。鄭炳林除了探討上述六州的行政區劃外，還認為歸義軍一度收復過鄯州、蘭州。[135]榮新江對歸義軍諸州刺史進行鉤稽考證，補充了郁賢皓《唐刺史考》之所缺。[136]這便於我們對歸義軍屬州刺史的選任作進一步的考察。茲參照前人研究，列出歸義軍諸州刺史

---

134 趙璘：《因話錄》卷二《商部上》，第75頁。

135 鄭炳林：《晚唐五代敦煌歸義軍行政區劃制度研究（之一）》，載《敦煌研究》2002年第2期。

136 榮新江：《〈唐刺史考〉補遺》，載《文獻》1990年第2期。

任職表（表1-9）：[137]

刺史	姓名	任職時間	籍貫	與節度使關係	刺史	姓名	任職時間	籍貫	與節度使關係
沙州刺史	張議潮	848-851	敦煌		瓜州刺史	閻英達	861-876	敦煌	
	張議潭	851-853	敦煌	兄		康某	876-879	敦煌	
	張淮深	853-890?	敦煌	侄		索勛	888-892	敦煌	姐夫
	李弘願	894	敦煌	表兄弟		李弘定	894	敦煌	表兄弟
	張承奉	900-908	敦煌	本人		張某	899-901	敦煌	本族
	曹議金	924-935	敦煌	本人		慕容歸盈	914?-940	敦煌	姐夫
	曹元深	939	敦煌	弟		曹元忠	946	敦煌	弟
	曹元忠	955?-974	敦煌	本人		曹延恭	955-974	敦煌	侄
	曹延祿	980-1002	敦煌	本人		曹延祿	974	敦煌	堂弟

137 晚唐的攝沙州刺史與沙州防禦使，五代、北宋的知瓜州軍州事、瓜州團練使、瓜州防禦使、權知瓜州、知瓜州，皆為州級長官，同繫於此表。另，郁賢皓《唐刺史考全編》第三編《隴右道》卷四三《沙州（瓜州、敦煌郡）》列有「曹議金？」、「索勛？」二人，第1冊，第505頁；鄭炳林《晚唐五代敦煌歸義軍行政區劃制度研究（之一）》（載《敦煌研究》2002年第2期）稱索琪於八七一年後出任沙州刺史。以上説法未必準確，皆不入列。

續表

刺史	姓名	任職時間	籍貫	與節度使關係	刺史	姓名	任職時間	籍貫	與節度使關係
甘州刺史	李弘諫	894	敦煌	表兄弟	瓜州刺史	曹延晟	980	敦煌	弟
						曹延瑞	986	敦煌	弟
伊州刺史	王和清	857				曹宗允	1002	敦煌	弟
	左某	大中、咸通				曹延惠	大中禪符末	敦煌	弟

▲ 表 1-9

　　從表 1-9 可以看出：第一，敦煌文獻對沙、瓜二州刺史記載頗多，世系較為完整，而其他諸州則極為闕略，P.4660 在《陰文通邈真贊》、《翟神慶邈真贊》之間書有「使持節、銀青光祿大夫、肅州諸軍事、兼肅州刺史、兼侍御史、上柱國」，惜無姓名；涼州收復較晚，加上唐與歸義軍及嗢末等勢力互相爭奪控制權，歸義軍有無設置涼州刺史，因史料闕載而不可考。[138]第二，沙、瓜、甘三州刺史均為敦煌人，兩位伊州刺史中，P.4660《故前伊州刺史左公贊》雖然載其郡望為臨淄，卻稱他是「金方茂族」，自然是歸義軍本地人，很可能就是敦煌人；王和清見於 P.2962《張議潮變文》，地望不清，但在歸義軍初期得到張議潮的信任，官拜伊州刺史，疑亦為本地人。第三，沙州刺史一職，除李弘

138　郁賢皓：《唐刺史考全編》第三編《隴右道》卷三九《涼州（武威郡）》（第 1 冊，第 482 頁）所列晚唐僖宗、昭宗時的朱某、胡敬璋、翁郜三人，其實都是河西節度使，有的甚至是李茂貞任命的，未必兼涼州刺史，而且也不屬于歸義軍。李軍《晚唐涼州節度使考》（載《敦煌研究》2007 年第 6 期）根據李洞詩作《冬日送涼州刺史》，揭出了一位涼州刺史。

願是因政變上臺外，其餘均出自藩帥家族，特別是從張承奉開始，多由藩帥親自兼領；而瓜州刺史自從慕容歸盈卒後，亦均由藩帥之弟、侄出任，說明越到後期，歸義軍加強集權控制，增強了割據的性格。第四，異姓人物出任刺史，如刺瓜之閻英達、康某，刺伊之王和清、左某，均在歸義軍前期，他們與藩帥張議潮有無親戚關係，尚不清楚，而索勛、慕容歸盈及李氏三兄弟則是藩帥的懿親。

　　從中原文獻能夠知道，歸義軍所轄的沙、瓜二州刺史，許多出自唐五代宋諸朝中央的正式任命。下面先列出中原王朝任命歸義軍藩帥兼沙州刺史的制文（表1-10）：

姓名	時間	原文	出處
張承奉	光化三年（900）八月己巳	制：……張承奉為檢校左散騎常侍兼沙州刺史御史大夫，充歸義節度瓜沙伊西等州觀察處置押蕃落等使。	《舊唐書》卷二〇上
曹議金	同光二年（924）五月	以……曹議金為簡較（檢校）司空守沙州刺史，充歸義軍節度瓜沙等〔州〕觀察處置管內營田押蕃落等使。	《冊府元龜》卷一七〇
曹元忠	建隆三年（962）正月	制：推誠奉義保塞功臣歸義軍節度瓜沙等州觀察處置管勾營田押藩（蕃）落等使……沙州刺史……曹元忠，可依前……使持節沙州諸軍事行沙州刺史，充歸義軍節度使瓜沙等州觀察處置管勾當營田押藩（蕃）落等使。	《宋會要》卷五七七〇
曹延祿	太平興國五年（980）四月丁丑	制：……曹延祿……，可檢校太保沙州刺史，充義勇軍節度使瓜沙等州觀察處置營田押蕃落等使。	《宋大詔令集》卷二四〇

▲ 表1-10

　　其次，八四八年張議潮在沙州起事，驅逐吐蕃，先是自稱攝沙州刺史，八五一年被唐朝任命為沙州防禦使。[139]九五五年，後周「以知瓜州軍〔州〕事曹元（延）恭為瓜州團練使，仍各鑄印以賜之」，[140]宋初更名為瓜州防禦使。[141]後來，復降為一般刺史州（一度又自稱瓜州團練使[142]），《宋史》卷四九〇《外國六‧沙州傳》云：

　　興國五年（980）元忠卒，子延祿遣人來貢。贈元忠敦煌郡王，授延祿本軍節度，弟延晟為瓜州刺史，延瑞為衙內都虞候。咸平四年（1001），封延祿為譙郡王。五年，延祿、延瑞為從子宗壽所害，宗壽權知留後，而以其弟宗允權知瓜州。表求旌節，乃授宗壽節度使，宗允檢校尚書左僕射、知瓜州，宗壽子賢順為衙內都指揮使。大中祥符(1008-1016)末，宗壽卒，授賢順本軍節度，弟延惠為檢校刑部尚書、知瓜州。

據此可知，歸義軍藩帥曹延祿之弟延晟、宗壽之弟宗允、賢順之弟延惠，都被宋廷正式任命為瓜州刺史或知瓜州。

139　《資治通鑑》卷二四九，唐宣宗大中五年（851）條云：「春正月壬戌，天德軍奏攝沙州刺史張議潮遣使來降。議潮，沙州人也，時吐蕃大亂，議潮陰結豪傑，謀自拔歸唐。一旦，帥眾被甲噪於州門，唐人皆應之，吐蕃守將驚走，議潮遂攝州事，奉表來降。以議潮為沙州防禦使。」第 8044-8045 頁。

140　樂史：《太平寰宇記》卷一五三《隴右道四，沙州》，中華書局 2007 年版，第 7 冊，第 2955 頁。

141　《宋會要》卷五七七〇《蕃夷志》「瓜沙二州」條，見徐松輯《宋會要輯稿》第一九八冊《蕃夷五》，第 7767 頁。

142　參 P.4622《宋雍熙三年（986）十月墨厘軍諸軍事守瓜州團練使曹延瑞請釋門四部大眾疏》，後鈐「瓜州團練使印」；又榆林窟第三十五窟供養人題記云：「節度副使、守瓜州團練使、金紫光祿大夫、檢校司徒、兼御史大夫、譙郡開國男、食邑三百戶曹延瑞供養」，見謝稚柳《敦煌藝術敘錄》，上海古籍出版社 1996 年版，第 488 頁。

　　另外，有些刺史雖然未見正式朝命，卻獲得了中原王朝的承認。九三八年年底，後晉使節張匡鄴、高居誨等出使于闐，次年「西至瓜州、沙州，二州多中國人，聞晉使者來，其刺史曹元深等郊迎，問使者天子起居」。[143]當時藩帥曹元德病重不起，其弟元深以沙州刺史的身分代為郊迎。[144]元深的沙州刺史當為歸義軍自命，而非晉廷實授，卻得到了中央的默認而被記入史書。後唐同光四年（926）二月，「瓜州刺史慕容歸盈貢馬」；[145]後晉開運三年（946）三月「庚申，以瓜州刺史曹元忠為沙州留後」，[146]兩人的瓜州刺史也分別被後唐、後晉朝廷所認可。

　　中原文獻的真實性固無疑義，即便從敦煌文獻及碑文中也可窺知歸義軍的一些刺史是由中央任命的。《張淮深碑》云：「皇考諱議潭，前沙州刺史、金紫光祿大夫、檢校鴻臚大卿、守左散騎常侍、賜紫金魚袋」，在他入京之後，淮深「詔令承父之任，充沙州刺史、左驍衛大將軍」，從「詔令」一詞可知，張議潭、淮深父子世襲替任的沙州刺史是由唐宣宗頒詔授任的。後者還可見於其他敦煌文獻，S.10602《張議潮奏蕃情表》提到「昨沙州刺史張淮深差押……」，P.3720《唐咸通十年（869）張淮深奏立唐悟真為都僧統表並中書門下牒》中淮深的題銜為「河西道沙州諸軍事、兼沙州刺史、御史中丞」，這些歸義軍與唐廷之間的公文也證明沙州刺史是由唐廷授任的。P.4660《使持節瓜州諸軍事守瓜州刺史閻英達邈真贊並序》云：「聖恩高獎，寵寄無休。晉昌太守，墨離之侯」；同號《故前伊州刺史左公贊》云：「嘉謀濟代，承旨

143　《新五代史》卷七四《四夷附錄三》「于闐」條，第918頁。

144　譚蟬雪：《曹元德曹元深卒年考》，載《敦煌研究》1988年第1期。

145　王欽若等：《冊府元龜》卷一六九《帝王部・納貢獻》，第2冊，第2036頁。

146　《舊五代史》卷八四《晉書・少帝紀四》，第1114頁。

階墀。封疆受土，典郡西陲。四方使達，君命應期。盡忠奉國，盡節
眾推。名高鳳闕，玉塞聲飛」，兩人所任的瓜、伊州刺史亦均屬唐廷任
命。

　　歸義軍諸州刺史基本上都是本地人，且多由藩帥本家族或懿親擔
任，這體現了歸義軍對屬州刺史任命權的實際控制；同時歸義軍又通
過中央政府對刺史的形式任命，藉於統治河西及西域東部地區。中原
王朝對這些遠在敦煌的官吏顯然並不了解，這中間的一道程序就是通
過歸義軍藩帥的奏薦。《索勛碑》云：「上襄厥功，特授昭武校尉、持
節瓜州諸□□□□、墨厘軍押蕃落□□（等使）」，P.4638 即為《張淮
深奏薦索勛為使持節瓜州刺史牒》（圖 1-6）：

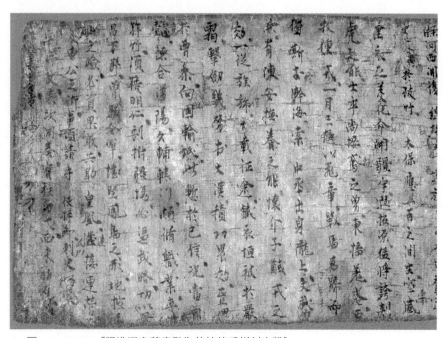

▲ 圖 1-6　P.4638《張淮深奏薦索勛為使持節瓜州刺史牒》

牒：河西開復，……索中丞出身隴上，文武雙兼。有陳安撫養之能，懷介子馘戎之效。一從旌斾，十載征途。鐵衣恆被於嚴霜，擊劍幾勞於（？）大漠。積功累效，豈愧於曹參；向國輸誠，此慚於己（紀）信。況當親懿，德合潘陽；久輔轅門，頗修職業。專城符竹，須藉明仁；剖析疆場，必憑武略。切以晉昌古郡，曾駐全軍。城堅鳳鳥之形，地控天山之險。必資果敢，共助皇風。繼接連營，□交曹公之術。事須請守使持節、瓜州刺史，仍便⬚交割印文，表次聞奏。

該牒抄寫於《大潙警策》、發願文、結壇文及多篇功德銘記、邈真贊之末，雖然只是一份公文抄件，卻是歸義軍藩帥奏薦屬州刺史的珍貴資料。榮新江認為：「索中丞當指索勛，是歸義軍節度使張議潮女婿，故云『親懿』」，其任瓜州刺史的時間為八八八至八九二年。[147]當時能有資格奏薦瓜州刺史的人，自然非藩帥張淮深莫屬。

綜上所述，歸義軍諸州刺史事實上都是藩帥自行選任的，但名義上仍需要中央王朝的任命。沙州刺史一職大多由歸義軍藩帥或其兄弟、子侄出任，應當是出自於歸義軍的自薦；而所轄支州刺史的選任，則由歸義軍藩帥向中央推薦候選人，再由朝廷予以授官。當然，在來不及連繫朝命的時候，先由藩帥直接任命，然後等待朝廷的認可。從歸義軍對屬州刺史的任命上，體現了它既割據一方又與中央保持連繫的雙重性格。

（二）州軍事院僚佐的辟署

嚴耕望把唐代的州府僚佐分為州院、軍院兩類，軍院文職僚佐有孔目院判官、軍事判官、軍事衙推官、軍事直典、要籍、逐要、驅使

---

147 榮新江：《〈唐刺史考〉補遺》，載《文獻》1990 年第 2 期。

官、隨軍、隨身，軍將有軍事押衙、都押衙、衙前虞候、都虞候、衙內衙前指揮使、兵馬使及其他衙將、衙前總管。[148]陳志堅依據唐人自己的叫法，稱之為「軍事院」，並以軍事判官為例對唐五代州軍事院的演變進行了考察，指出軍事院僚佐具有私人幕府的性質。[149]軍事院僚佐屬於使職，一般由本州刺史辟署。《新唐書》卷一四〇《裴遵慶附裴向傳》載其於「建中（780-783）初，李紓為同州刺史，奏署判官」；[150]李觀《常州軍事判官廳壁記》記載，袁德師被常州刺史韋公選為軍事判官，[151]韋公即貞元八年至十一年（792-795）出刺常州的韋夏卿；[152]《唐故慶州軍事判官試協律郎張邵墓銘並序》記載，李宗元「遷牧慶州，就闢為倅」，[153]皆為刺史辟署軍事院僚佐之例證。後唐同光二年（924）八月八日，中書門下奏曰：「今後諸道除節道（度）副使、判官兩使除授外，其餘職員並諸州軍事判官等，並任本道、本州各當辟舉」；[154]清泰元年（934）七月，中書門下《請定刺史選舉軍州判官條例奏》亦云：「軍事判官宜令本州刺史自選擇舉奏」，[155]可見直到五代，以軍事判官為代表的軍事院僚佐，是由本州刺史進行辟署的。

然而在藩鎮體制之下，刺史辟署軍事院僚佐的情況並非那麼簡單，有時還需要經過上級藩鎮的同意，或者直接由藩帥來辟署。下面

---

148 嚴耕望：《唐史研究叢稿》第二篇《唐代府州僚佐考》，第103-176頁。

149 陳志堅：《唐代州郡制度研究》第二編第二章「州郡僚佐制度」，第105-115、127-130頁。

150 《新唐書》卷一四〇《裴遵慶附裴向傳》，第4647頁。

151 《全唐文》卷五三四，第6冊，第5422-5423頁。

152 郁賢皓：《唐刺史考全編》第九編卷一三八《常州（晉陵郡）》，第3冊，1887頁。

153 吳鋼主編：《隋唐五代墓誌彙編・陝西卷》第4冊，天津古籍出版社1991年版，第163頁。

154 王溥：《五代會要》卷二五《幕府》，第301頁。

155 《全唐文》卷九七二，第10冊，第10084頁。

通過 P.3281v《押衙馬通達狀稿三件》來進行説明：

（一）

押衙馬通達。

右通達自小伏事司空，微薄文字並是司空教視奬訓，及賜言誓。先隨司空到京，⋯⋯伏緣大夫共司空一般，賊寇之中潘死，遠投鄉井，只欲伏事大夫，盡其忠節。近被閭中丞立有攪亂差揭，且先不曾共他關連，例亦不合得管。通達若遣填鎮瓜州，實將有屈。⋯⋯伏望大夫仁明詳察，乞放瓜州，伏請處分。

（二）

押衙馬通達。

右奉差充瓜州判官者。通達自小伏事司空，及賜言誓提獎。瓜州不合例管，今蒙大夫親字制置，不敢辭退。⋯⋯准內地例，刺史合與判官鞍馬裝束，並不支給。伏望大夫仁慈哀察，特賜矜恤，乞裁下，伏請處分。

（三）

押衙馬通達。

右通達先為國征行，久在邊塞。今歲伏蒙大夫威感，得達家鄉。不經時月，便奉差守瓜州，此亦為沙州城隍拓邊。⋯⋯

狀文中提到了檢校官「司空」與兼官御史「大夫」、「中丞」三人，分別為歸義軍藩帥張議潮、張淮深與瓜州刺史閭英達。馬通達於八六七年護送議潮入京，後來返至涼州接取議潮家眷不成，歷盡艱險回到沙州。通達所言「近被閭中丞立有攪亂差揭」，當是瓜州刺史兼御史中丞閭英達想要辟任他為軍事判官，但他不想擔任此職，稱「瓜州不合例

管」，就給節度使兼御史大夫張淮深上狀，請求免職，可是「大夫親字制置」，即藩帥親自下牒辟任，通達只好前往瓜州上任。

　　由藩帥直接辟署屬州軍事院僚佐的牒文，在敦煌文獻中就有發現，如 P.3903《某使武定成補充瓜州軍事押衙知孔目事牒》（圖 1-7）：

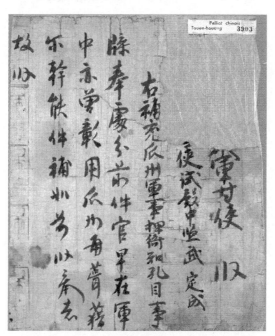

▲ 圖 1-7　P.3903《某使武定成補充瓜州軍事押衙知孔目事牒》

1. ⬚⬚⬚義軍等使　牒。
2. 　　⬚⬚⬚使、試殿中監武定成。
3. 　　右補充瓜州軍事押衙、知孔目事。
4. 牒奉處分，前件官，早在軍
5. 中，亦曾彰用。瓜州再茸，藉

6. 爾干能。件補如前，牒舉者，

7. 故牒。

文書前殘，首行使名中的「義」字，據下端殘存的筆畫可以識讀，故此行當為「敕河西歸義軍等使」，而不可能是「瓜州刺史兼墨厘軍等使」。另據森安孝夫介紹，此牒前、後部共鈐九方「歸義軍印」，該印的使用時間為曹元德時代（935-939），[156]這表明此牒是節度使曹元德辟署瓜州軍事押衙、知孔目事的正式公文，而不是由瓜州刺史來辟署。對比上章所述藩帥辟署幕佐的授官牒，格式完全一樣。武定成原來擔任幕府僚佐，如今被辟署為瓜州軍事院僚佐。

通過這兩件敦煌文獻可以說明，在歸義軍藩鎮的集權體制下，屬州刺史對於軍事院僚佐大概只有薦舉權，而辟署權已被藩帥所剝奪，具體的辟署程序要由歸義軍藩帥來批示執行。

（三）州佐及縣鄉官的辟署化與遷轉

如果說歸義軍的屬州刺史尚需中央進行名義上的授任，而實際任命權則掌握在藩帥之手，那麼州佐及縣鄉官的辟署化特徵則更加明顯。這種現象，在唐後期五代許多藩鎮都很突出。河朔三鎮最為典型，如 P.4050 +S.5613《書儀》之《賀年書》云：「某〔不〕才，司空改差某州上佐」，即為河北地區檢校官為司空的藩帥辟署州之上佐。《新唐書》卷一一八《韓思復附韓佽傳》云：「累遷桂管觀察使，部二十餘州，自參軍至縣令無慮三百員，吏部所補才十一，余皆觀察使商才補職」。李商隱撰《曹讜》云：「牒奉處分……前件官……事須差攝昭州

---

156 〔日〕森安孝夫：《河西歸義軍節度使の朱印とその編年》，載《內陸アジア言語の研究》XV，2000 年。

錄事參軍」，《段球》亦有「事須補充醫博士」之語，[157]就是他為桂管觀察使辟署州佐而撰寫的授官牒。另外，在荊南、劍南、嶺南等藩鎮也有類似的情況。[158]對於割據性很強的西陲藩鎮歸義軍，自行辟任州佐及縣鄉官的現象更是司空見慣。

目前所見，歸義軍州佐由藩帥奏薦、中央任命的，只有李明振一人。P.4640《唐宗子隴西李氏再修功德記》云：

> 公其時也，始蒙表薦，因依獻捷，親拜彤廷。宣宗臨軒，問其所以。公〔具〕家牒，面奏玉階。上亦沖融破顏，群公愕視。乃從別敕授涼州司馬，賜金銀寶貝。詔命陪臣，乃歸戎幕。

在唐五代，由中央直接任命州佐或由藩帥向朝廷奏授州佐的現象雖較常見，[159]但李明振受其岳父藩帥張議潮的表薦，入京獻捷，得到唐宣宗的召見，當廷獲授涼州司馬，應為特殊之孤例。榮新江指出：「但宣宗在位時，涼州仍在吐蕃手中。從碑文所述前後緣由看，宣宗大概覺得李明振與皇室同出隴西李氏，因而給予一個涼州司馬的虛銜，以示殊

---

157 《全唐文》卷七七八，第 8 冊，第 8124-8126 頁。

158 《舊唐書》卷一二九《張延賞傳》載其奏曰：「臣在荊南、劍南，所管州縣闕官員者，少不下十數年，吏部未嘗補授，但令一官假攝，公事亦理」，第 3609 頁；《全唐文》卷六九三孔戣《奏加嶺南州縣官課料錢狀》亦云：「刺史、縣令，皆非正員，使司相承，一例差攝」，第 7 冊，第 7110 頁。

159 前者所見極多，不勝枚舉；後者如《周璵墓誌銘並序》載其父周道榮於「貞元（785-805）中，南海節度使趙昌表授廣州司馬」，見北京市文物研究所《北京近年發現的幾座唐墓》，載《文物》1992 年第 9 期；《全唐文》卷七八四穆員《河南少尹裴濟墓誌銘》載其「服闋，襄陽節度使來瑱表襄州參軍事」，第 8 冊，第 8199 頁。

賞。」¹⁶⁰

　　歸義軍時期的其他州佐及縣鄉官，則全由藩帥自行辟署。P.3102v
《沙州耆壽李太平差充攝敦煌郡司馬牒》云：

　　1. 敕河西節度使　牒。

　　2. 沙州耆壽李太平。　　右差充攝敦煌郡司馬。

　　3. 牒，前件官，昔日名高，當今　聖派。沙州論（淪）陷，
伐（代）集

　　4. 百年。文武二俱，三端德備。辯詞無滯，察理如

　　5. 繩。　聞（後缺）

該牒寫在《開蒙要訓》的背面，前抄《孔子項托相問書》，後為《某社
支面名錄》及倒書之《算書》，可見並非正式公文，卻保存了一定的格
式，是藩帥辟署屬州司馬的絕佳材料。首行所題「敕河西節度使」，從
「沙州淪陷，代集百年」之語可知，當非唐前期駐節於涼州的河西節度
使，而是歸義軍節度使的自稱。因為這是一件塗鴉之作，雜抄者把沙
州寫作了敦煌郡。李太平的身分只是耆壽，歸義軍藩帥不用奏請中央
朝廷，直接辟署他為攝沙州司馬。杜佑説：「其未奏報者稱攝」，¹⁶¹攝
官不用向朝廷奏報，又可證於《令狐紞墓誌銘並序》：「今相國徐公鎮
河中，以君廉能，署攝河西縣令，未及奏上，旋丁博陵崔夫人之

---

160 榮新江：《初期沙州歸義軍與唐中央朝廷之關係》，載《隋唐史論集》，第 108 頁。李
　　軍《敦煌寫本〈歸義軍僧官書儀〉拼接綴合及相關問題研究》(載《敦煌學輯刊》
　　2006 年第 3 期)則認為，八五九年李明振參與攻克神烏的戰役，所獻之捷即為收復神
　　烏，所授涼州司馬「當非虛銜遙領，而是實任」。此説尚難確證，茲仍從榮説。

161 杜佑：《通典》卷三二《職官典十四・州郡上》「總論州佐」條，中華書局 1988 年版，
　　第 1 冊，第 890 頁。

艱。」[162]

對於縣官，藩帥自辟的情況更為普遍。[163] P.4050 +S.5613《書儀》云：「僕不才，蒙授臨河縣宰」，臨河縣為魏博節度使所轄相州之屬縣。李商隱撰《前攝臨桂縣令李文儼》「事須差攝豐水縣令」、《盧韜》「事須差攝靈川縣主簿」等，[164]皆為藩帥辟署縣官之例證。P.3718《張清通寫真贊並序》載其出使有功，回到敦煌後：

使司酬獎，牒舉節度押衙。以念清慎公忠，兼委左廂虞候。……公之雅則，府主每嘆，英明克己，奉國無私，衙舉敦煌縣令。光榮墨綬，蒞職以（與）王奐同年；制錦靈符，百里扇仁風訓俗。

他先後出任節度押衙、敦煌縣令，一稱使司「牒舉」，一作府主「衙舉」，皆為藩鎮的辟署用語，而與中央朝廷無關。贊文雖然提到他曾在

---

162 周紹良主編：《唐代墓誌彙編》咸通〇六二，上海古籍出版社 1992 年版，下冊，第 2427 頁。

163 縣官由中央任命或由藩帥奏授的情況，唐五代內地所見極多，因與歸義軍無涉，故此不作論述。學界對縣令的研究，如：王壽南《論唐代的縣令》（載《「國立政治大學」學報》第 25 期，1972 年）、黃修明《唐代縣令考論》（載《四川師範學院學報》1997 年第 4 期）等文，均不涉及藩鎮體制下的縣令選任，唯劉後濱《論唐代縣令的選授》（載《中國歷史博物館館刊》1997 年第 2 期）略有提及：「到唐後期，除了舉薦與吏部注擬相結合的措施外，包括縣令在內的州縣官的除改之權（而非推薦權），還被下放到地方，不經吏部而由節度觀察使及州府長官奏任，申報中央批准。這種情況隨著藩鎮割據局面的形成而出現，而又不僅限於與中央處於對立狀態的割據型藩鎮。」

164 《全唐文》卷七七八，第 8 冊，第 8125 頁。

西川面見唐僖宗，[165]但後者倉皇出逃，根本無暇顧及授官。張清通返回
敦煌後，才被「使司酬獎，牒舉節度押衙。以念清慎公忠，兼委左廂
虞候」；任職了數十年，又被「府主」即歸義軍藩帥「衙舉敦煌縣令」。
序文中的「墨綬」一詞，常與「銅章」連用，是指縣令的章服，這在
唐人文集中頗為習見。[166]然賴瑞和引《故莫州長豐縣令李丕墓誌銘並序》
「後墨綬長豐」則云：「『墨綬』通常指非正式、不經朝廷任命的授官。
所以李丕『墨綬長豐』，即意味著他這個縣令官，很可能也是由幽州節
度使所『辟』的，並非由中央委派」，[167]大概是把「墨綬」當成了「墨
授」，遂誤以為李丕的長豐縣令是藩帥行用了墨敕授官的權力。中村裕
一曾指出，墨敕授官的文書為藩帥簽發之牒，而非來自中央的告身；
同時推測墨敕所授的只是職事官中的次要官員、員外官、檢校官。[168]至
於縣令是否屬於墨敕授官的範圍，尚需斟酌。P.2970《唐故河西歸義軍
節度使內親從都頭守常樂縣令陰善雄邈真贊並序》云：「曹王秉節，挺
赤心而膺昌期；苦處先登，效忠貞而能定國。久位軍幕，作我主之腹

---

165 贊文中說「大中赤縣沸騰，駕行西川蜀郡」、「大中之載，駕行西川」，按大中年間
（847-859）唐宣宗不曾入蜀；陳祚龍考證「大中」為「中和」之誤，八八〇年底黃巢
攻陷長安，唐僖宗於中和元年（881）逃至成都。參陳祚龍《中世敦煌與成都之間的
交通路線──敦煌學散策之一》，載《敦煌學》第 1 輯，香港新亞研究所敦煌學會，
1974 年。

166 《全唐文》卷七八一李商隱《賽石明府神文》中有「銅章墨綬，應非百里之才」，第
8 冊，第 8161 頁；崔致遠著、黨銀平校注《桂苑筆耕集校注》卷四《謝除侄男瓌授
彭州九龍縣令狀》（中華書局 2007 年版，上冊，第 96-97 頁）云：「伏蒙敕旨，除授
彭州九隴縣令，仍賜緋魚袋者。……才拋黃綬，遽沾墨綬之榮；始佩銅章，又竊銀章
之貴。」可見黃綬、墨綬與銅章、銀章皆為官員章服，其中銅章、墨綬即為縣令之章
服。

167 賴瑞和：《唐代中層文官》，聯經出版事業股份有限公司 2008 年版，第 311-312 頁。

168 〔日〕中村裕一：《隋唐王言の研究》第五章第四節「墨詔」、第六節「墨敕」、第七
節「唐末における藩鎮の墨敕除官」，汲古書院 2003 年版，第 337-342、346-361 頁。
又參游自勇：《墨詔、墨敕與唐五代的政務運行》，載《歷史研究》2005 年第 5 期。

心；百戰沙場，幾潘（番）生於龍塞。常樂貴縣，國之要衝。睹公良能，罵遷蒞職」；P.3718《晉故歸義軍都頭守常樂縣令薛善通邈真贊並序》亦云：「伏自曹王秉政，收復甘、肅二州。公乃戰效勇於沙場，納忠勤於柳境。初任節度押衙，守常樂縣令」，可知縣令之被藩帥辟署，出使、軍功是重要的依據，這跟辟署幕佐無甚差別。

　　歸義軍時期的縣佐，敦煌文獻與石窟題記中雖略有記載，惜難以了解他們的辟任方式及遷轉情況。而值得關注的是，歸義軍的鄉是個頗為重要的地方基層機構。莫高窟第九十八窟繪有洪池鄉官王富延、慈惠鄉官王弘正、赤心鄉官□進的畫像，第五、四二七窟也分別有洪池將（鄉）務杜彥思、平康□（鄉）務王某的畫像，均由節度押衙兼知；[169]榆林窟第三十四、三十六窟分別繪有鄉官張某、趙黑子的畫像，皆由兵馬使兼知，[170]這與上述縣令由都頭、節度押衙兼知相類，反映了歸義軍藩鎮對地方上的控制。[171]Дх. 1291 +Дх. 1298《某甲補充節度押衙兼龍勒鄉務上大王謝恩狀》云：

1. 某甲
2. 奉牒補充節度押衙、兼龍
3. 勒鄉務。　有幸得伏事　臺階，
4. 下情無任戰懼。弟（第）二件：
5. 進盈家無世祿，世闕榮勛。□（蒙）
6. 大王　臺造，拔自塵埃，補兼

169　敦煌研究院編：《敦煌莫高窟供養人題記》，第 3-157 頁。

170　謝稚柳：《敦煌藝術敘錄》，第 483、490 頁。

171　馮培紅：《晚唐五代藩鎮幕職的兼官現象與階官化述論——以敦煌資料、墓誌碑刻為中心（上）》，載《敦煌學研究》2006 年第 2 期，首爾出版社。

7. 右職重務。非但某甲一門，直亦

8. 九族生靈，無以感恩惶

9. 懼。

此狀有兩件，應有一定的關聯，很可能某甲即為進盈。該狀抄寫在兩
首詩的後面，只是一份抄件。據蘇瑩輝考證，歸義軍藩帥之稱王者有
曹議金、元忠、延祿、宗壽、賢順五人，[172]某甲升任節度押衙、兼龍勒
鄉務後，上狀向藩帥謝恩，表明鄉官是由藩帥辟署的。從敦煌文獻的
記載，可以進一步知道鄉官的辟署及其原因。P.3718《張良真生前寫真
贊並序》載其才藝出眾，「故主司空稱愜，薦委首鄉大官」，他只是一
名鄉官，自然用不著向江山欲墜的晚唐中央舉薦，而是被歸義軍藩帥
張承奉所辟署。同號《閻子悅生前寫真贊並序》載其出使有功，「弱冠
之際，主鄉務而無差」，被「元戎」張承奉辟署為鄉官。同號《晉故歸
義軍節度押衙知敦煌郡（鄉）務李潤晟邈真贊並序》載其「弱冠東征
而西敵」，破南山、掃羌戎，並在對甘州回鶻的戰爭中立有戰功，「念
茲勞績，僉獎榮班。一舉節度押衙，兼遷敦煌鄉務」，則是因為軍功而
被藩帥曹議金辟署為節度押衙、知敦煌鄉務。

　　關於州佐及縣官的遷轉，張榮芳在考察京兆府所轄京、畿縣令
時，對他們的遷轉途徑與過程作過統計分析；[173]賴瑞和也曾列舉了一些
州佐及縣官的個案例子，涉及他們的遷轉；[174]礪波護探討了縣尉的升遷

---

172 蘇瑩輝：《敦煌文史藝術論叢》之《瓜沙曹氏稱「王」者新考》，第96-109頁。

173 張榮芳：《唐代京兆府領京畿縣令之分析》，載《隋唐史論集》，第121-127頁。

174 賴瑞和：《唐代基層文官》第三章「縣尉」、第四章「參軍和判司」，聯經出版事業股
　　份有限公司2004年版，《唐代中層文官》第四章「縣令」、第五章「司錄、錄事參軍」
　　中的相關論述。

途徑。[175]但總的來說研究尚不充分，尤其是對藩鎮體制下州縣官的遷轉及與幕府間之關係的探討還欠深入。下面通過所知有限的幾位歸義軍州佐及縣鄉官的例子，來看看他們的遷轉情況。

(1) 張良真：節度押衙、知敦煌鄉官節度押衙、知紫亭鎮遏使→節度押衙、知應管內外都牢城使（P.3718）；

(2) 閻子悅：鄉官→管內都營田使→節度右馬步都押衙、知管內都營田使（P.3718）；

(3) 氾唐彥：行敦煌縣尉、兼管內都支計使（S.2113v）→常樂縣令（P.4640v）→判官（P.3573v）；

(4) 李弘願：敦煌縣尉（P.4615）→沙州長史（P.4640）→沙州刺史、兼歸義軍節度副使（《唐宗子隴西李氏再修功德記》碑）；

(5) 張清通：節度押衙、兼左廂虞候→敦煌縣令（P.3718）；

(6) 薛善通：節度押衙、守常樂縣令→都頭、守常樂縣令（P.3718）；

(7) 曹延瑞：衙內都虞候（《宋史》）→墨厘軍諸軍事、守瓜州團練使（P.4622）→節度副使、守瓜州團練使（榆35窟）；

(8) 曹延祿：瓜州司馬（榆36窟）→權知瓜州軍州事、歸義軍節度副使（P.3827）→歸義軍節度使（《宋史》）；

(9) 曹議金：沙州長史（P.4638）→沙州刺史、兼歸義軍節度使（《舊五代史》）。

上舉官吏中，有些人從一開始就由節度押衙兼知，或兼管內都支計使，被早早地納入藩鎮幕府使職系統中。至於他們的仕途遷轉，有的先在州縣官系統內升遷，後來進入了幕府，有的則是馬上轉為幕

---

175 〔日〕礪波護：《唐代の縣尉》，原載《史林》第57卷第5號，1974年；此據《唐代政治社會史研究》第II部第一章「唐代の縣尉」，第156-163頁。

職。前者最典型的是氾唐彥，S.2113v《唐沙州龍興寺上座馬德勝宕泉創修功德記》署曰：「行敦煌縣慰（尉）、兼管內都支計使、御史中丞濟北氾唐彥述」，據末行題記「時唐乾寧三年丙辰歲（896）四月八日畢功記」，可知他在該年擔任了敦煌縣尉；[176]而據 P.4640v《己未至辛酉年（899-901）歸義軍軍資庫司布紙破用歷》記載，己未年六月十二日，「又支與常樂縣令氾唐彥粗布壹匹」，知此時他已升至常樂縣令；該歷還記載辛酉年初常樂縣令已換作他人，P.3573v 有「判官氾瑭彥尋覽」一行雜寫文字，氾瑭彥即氾唐彥，此時大概已調入幕府擔任判官。由此可見，歸義軍時期的州縣鄉官已與幕府僚佐沒有什麼實質性的區別，這與它們的辟署化是相符合的。

（四）州縣鄉官的加官奏授

州縣官是朝廷正式任命的地方職事官，擁有散官作為本品、獲得章服是自然之事，在史籍、墓誌中記載極多，不勝枚舉。作為文官，去獲取勛官的必要性本來不大，但在藩鎮戰亂之際，軍人充任文官及立功的情況也屢有出現；至於檢校官、試官、兼官，則更無兼帶的必要了，然而在唐後期五代，很多州縣官也像幕府僚佐一樣，兼帶了這些加官。

可能是史籍中對州縣官的加官記載較少，故今人研究亦寡，目前僅見賴瑞和對這一現象作過初步考察。二〇〇七年他發表《論唐代的州縣「攝」官》一文，揭出臺北「故宮博物院」藏《朱巨川告身》「睦州錄事參軍朱巨川，右可試大理評事兼豪州鍾離縣令」，並引李紓《故

---

176 值得注意，唐代縣尉作為階官的現象極為突出，實際履行的職務是使職差遣。參礪波護《唐代政治社會史研究》第 II 部第一章「唐代の縣尉」，第 158-159 頁；賴瑞和《唐代基層文官》第三章「縣尉」，第 206-219 頁。不過，這些大多是京、畿縣尉，至於敦煌縣尉是否也用作階官去兼知管內都支計使，尚待進一步研究。

中書舍人吳郡朱巨川神道碑》「戶部尚書劉晏精求文吏，改睦州錄事參軍。濠州獨孤及懸托文契，舉授鐘離縣令、兼大理評事」，對朱巨川的改官作了具體說明。對於這個新授的官銜，他說：

這官銜本身便頗不尋常。為什麼一個縣令又會掛一個「試大理評事」的官銜？這是其他一般縣令所沒有的。……說穿了，朱巨川當時並不是唐代一般普通的正規縣令，不是中央朝廷任命的，而是一個被當地長官所「辟署」的「攝」縣令。

然後續引《趙州刺史何公德政碑》之碑陰所題趙州及其下屬八縣的官吏職銜，大多帶有文散官、檢校官、試官、兼官、勛官、章服。賴氏認為，這些州縣攝官是由成德軍節度使辟署的，有的向唐廷奏授了加官。[177]翌年出版的《唐代中層文官》第四章「縣令」中，引用陸贄撰《優恤畿內百姓併除十縣令詔》：「〔竇〕申可長安縣令，鄭珣瑜可檢校吏部員外郎、兼奉先縣令，韋（一作『常』）武可檢校禮部員外郎、兼昭應縣令，賈全可咸陽縣令、兼監察御史，韋貞伯可藍田縣令、兼監察御史（一脫此句），霍琮（一作『崔淙』）可華（一誤作『以』）原縣令、兼監察御史（一作『侍御史』），王倉可檢校禮（一作『比』）部員外郎、兼美原（一作『昭應』）縣令，李曾可盩厔縣令、兼監察御史，荀曾可三原縣令、兼侍御史，李緄（一作『鯤』）可富平縣令、兼殿中侍御史，其有散官、封賜者，並如故」，[178]指出：

---

177 賴瑞和：《論唐代的州縣「攝」官》，載《唐史論叢》第 9 輯，2007 年。

178 《全唐文》卷四六三，第 5 冊，第 4727 頁；又參王欽若等《冊府元龜》卷七〇一《令長部・選任》，第 9 冊，第 8359 頁。兩書記載互有歧異，且有錯誤，此處錄文根據兩書作了互補校勘。又參陸贄《陸贄集》，中華書局 2006 年版，上冊，第 112-113 頁。

　　這十人都有加官，加了檢校官或御史臺官。沒有獲得檢校官的其他縣令，則都授給御史臺官，前面冠以「兼」字。……一般縣令不會獲授此銜，顯示德宗這次委任十縣令，是如何慎重其事。

接下來又舉《褒涇陽令韋滌詔》「可檢校工部員外郎、兼本官、賜緋魚袋」，認為「這些都是一般縣令得不到的賞賜和榮耀」。[179]賴氏強調，一般普通的正規縣令是不帶這些加官的，之所以出現這一現象，他認為前者是出於長官的辟署，而後者是因為皇帝的重視。筆者贊同賴氏所說的州縣官出現了辟署化而兼帶加官的觀點，至於唐德宗慎選十縣令加授檢校官或兼官，則與郎官、御史出使任職的性質相類。

　　廣德二年（764）六月，唐代宗頒布一道敕書：

　　諸州府錄事參軍及縣令，其有帶職、兼官、判、試、權知、檢校等官者，自今已後，吏部不在用缺之限。[180]

提到了州府錄事參軍、縣令存在加帶兼官、試官、檢校官的情況，可見在平定安史之亂初期，就已經出現州縣官兼帶加官的現象了。

　　在出土墓誌與敦煌文獻中，也可以找到與朱巨川同類的縣令，如《唐故宋州碭山縣令滎陽鄭紀故范陽盧氏夫人墓誌銘並序》末題「咸通二年（861）二月八日，從表侄前攝許州郾城縣令、登仕郎、試太常寺協律郎崔居晦撰」、[181] S.76v《攝茶陵縣令將仕郎試大理評事譚□狀二通》，均提到了這些攝縣令所帶的文散官、試官。後晉開運三年

179　賴瑞和：《唐代中層文官》第四章「縣令」，第258-262頁。
180　王溥：《唐會要》卷六九《縣令》，下冊，第1217頁。
181　周紹良主編：《唐代墓誌彙編》咸通○○六，下冊，第2383-2384頁。

（946），詔晉陽縣令劉繼儒「可簡較（檢校）工部員外郎，仍量留一年」，[182]則是縣令帶檢校官之例。《諸葛武侯祠堂碑》碑陰所題「朝散大夫、守成都縣令、飛騎尉韋同訓，朝散大夫、守華陽縣令、上柱國裴儉」二人，[183]除文散官外，還帶有勛官，他們夾列於劍南西川節度使幕府的文職僚佐與武職軍將之間，可見在藩鎮體制下早已幕職化了。

　　除了縣令，州官帶加官的情況也比較多見。刺史帶有加官，最為常見的是兼節度、觀察、團練、防禦、經略等使或軍使的刺史，無不帶有加官；而不兼諸使的刺史，其帶加官的情況也有記載，如貞元（785—805）時李惠登為隋州刺史，「時於頔為山南東道節度，以其績上聞，加御史大夫，升其州為上」；[184]莫休符，「光化二年（899）檢校左散騎常侍、守融州刺史、兼御史大夫」，[185]為刺史加帶檢校官、兼官之例；羊士諤撰《代閬中丞謝銀青光祿大夫表》所云「今月日，吏部符下，奉恩制，加臣銀青光祿大夫」，劉禹錫撰《蘇州謝恩賜加章服表》所載「伏奉去年十一月二十七日詔書，加臣賜紫金魚袋」，[186]則是加帶文散官、章服之例。

　　州佐兼帶加官，P.2555 pièce 2《周弘直狀》末題：「九月廿三日守肅州長史、檢校國子祭酒、兼御史中丞、上柱國周弘直狀上」，包括了檢校官、兼官、勛官。又《故弘農楊氏夫人墓誌銘並序》云：

夫人楊氏，世居弘農。父諱詢直，故丹州長史、兼侍御史。……

182　王欽若等：《冊府元龜》卷七〇一《令長部・褒異》，第9冊，第8363頁。

183　陸增祥：《八瓊室金石補正》卷六八，文物出版社1985年版，第470頁。

184　王溥：《唐會要》卷六八《刺史上》，中冊，第1202頁。

185　《全唐文》卷八一八，第9冊，第8621頁。

186　《全唐文》卷六一三、六〇一，第6冊，第6188、6077頁。

自初筭而適稱事長，以至和歸於光州長史、檢校國子祭酒、上柱國邊公誠。……繼子四人：曰債，前泗州司馬、兼殿中侍御史。[187]

楊氏之父、夫、子三代，皆曾任長史、司馬等州之上佐，其夫帶有檢校官、勛官，其父及子帶有兼官。《常克謀墓誌銘並序》云：「曾祖諱冀，字行能，上谷郡司馬、試大理評事」，[188]則是上佐帶有試官之例。

在歸義軍藩鎮，幾乎所有的州縣官都兼帶了加官，甚至連原本不列入典志的基層鄉官也都如此。下面從敦煌文獻、石窟題記中搜錄一些州縣鄉官，各舉一例，列出他們的加官，製成下表，以見歸義軍境內地方官之加官的一斑（表 1-11）：

地方官		加官						姓名	出處
		文散官	檢校官	試官	兼官	勛官	章服		
州官	瓜州刺史	銀青光祿大夫	太子賓客	──	──	上柱國	賜紫金魚袋	康某	P.4660
	沙州長史	朝議郎	──		御史中丞		──	索承勛	莫196窟
	涼州左司馬	──	國子祭酒		御史中丞	上柱國	──	李明振	P.4615
	沙州經學博士	朝議郎	尚書工部員外郎		殿中侍御史	──	賜緋魚袋	翟奉達	P.2623

187　周紹良、趙超主編：《唐代墓誌彙編續集》咸通〇七〇，上海古籍出版社 2001 年版，第 1087 頁。

188　孟繁峰、劉超英主編：《隋唐五代墓誌彙編・河北卷》第 1 冊，天津古籍出版社 1991 年版，第 121 頁。

續表

地方官		加官						姓名	出處
		文散官	檢校官	試官	兼官	勳官	章服		
州官	沙州軍事判官	將仕郎	——	——	監察御史	上柱國	——	張球	P.4660
	瓜州軍事押衙	——	——	殿中監	——			武定成	P.3903
	敦煌縣令	宣德郎	——	協律郎	御史中丞	上柱國	——	張清通	P.3718
	敦煌縣尉	——			御史中丞			氾唐彥	S.2113v
	晉昌錄事	銀青光祿大夫	——					張義□	榆33窟
	慈惠鄉官	銀青光祿大夫	國子祭酒	——	御史中丞	上柱國	——	王弘正	莫98窟

▲ 表 1-11

　　表 1-11 顯示出，連作為歸義軍地方官的州縣鄉官都帶有一長串加官頭銜，包括文散官、檢校官、試官、兼官、勳官及章服。刺史一級的還多帶將軍號，如沙州刺史張淮深帶左驍衛大將軍（《張淮深碑》），瓜州刺史康某、伊州刺史左某皆帶左威衛將軍（P.4660《康使君邈真贊並序》、《左公贊》）。這些與幕府僚佐並無二致，也是地方官被納入藩鎮官制之中的體現。

　　與幕佐一樣，州縣鄉官的加官亦由藩帥向中央朝廷奏授。《舊唐書》卷一五六《韓弘傳》載其「事玄佐為州掾，累奏試大理評事」，即

是汴宋節度使劉玄佐為他向唐廷奏授了試官。在唐代文集中，中央給州縣官授予加官的制書也有不少，如白居易撰《牛元翼可檢校左散騎常侍深州刺史御史大夫制》、元稹撰《李昆滑州司馬》等。[189]歸義軍時期也同樣，P.4660《銀青光祿大夫檢校太子賓客使持節瓜州諸軍事守瓜州刺史兼左威衛將軍賜紫金魚袋上柱國康使君邈真贊並序》云：

薦其術業，名稱九重。銀章紫綬，魚苻（符）五通。一身崇秩，榮耀多叢。領郡晉昌，百里宣風。

從一個「薦」字可知，康某受藩帥張淮深的奏薦，名聞唐廷，被授予文散官、章服等五通加官。《索勛碑》也提到了「上褒厥功，特授昭武校尉」之武散官，為瓜州刺史的加官。後唐「末帝清泰元年（934）七月癸丑，簡較（檢校）刑部尚書、瓜州刺史慕容歸盈轉簡較（檢校）尚書左僕射」，[190]記錄了他的檢校官之升遷。宋真宗咸平五年（1002），「宗允檢校尚書左僕射、知瓜州」；大中祥符（1008-1016）末，「延惠為檢校刑部尚書、知瓜州」，[191]他們的檢校官亦均為宋廷所授。為州佐奏授加官的例子，見莫高窟第一四八窟南廂所立《唐宗子隴西李氏再修功德記》碑，碑主李明振「始蒙表薦」，入朝獻捷，得到唐宣宗的接見，「乃從別敕授涼州司馬、檢校國子祭酒、兼御史中丞、賜紫金魚袋」，[192]可能是因為當廷獲授之故，具有特殊之榮譽，故他去世之後，

189 白居易：《白氏文集》卷五三《中書制誥六》，見《白氏長慶集》 第八帙，第 3 冊，第 1288 頁；元稹：《元稹集》卷四九《制誥》，下冊，第 528 頁。

190 王欽若等：《冊府元龜》卷九六五《外臣部‧封冊三》，第 12 冊，第 11355 頁。

191 《宋史》卷四九○《外國六‧沙州傳》，第 14124 頁。

192 李永寧：《敦煌莫高窟碑文錄及有關問題（一）》，載《敦煌研究》試刊第 1 期，甘肅人民出版社 1981 年版。

P.4615＋P.4010v《李明振墓誌》仍然使用了這一題銜，而未題署品階更高的兼御史大夫；[193]志文中也有「宣宗承乾，有勳有爵」之語，當指其獲授加官。前論張球在八六一年後入奏長安，得對龍顏，「所蒙錫賚，兼授憲官」，獲授守監察御史；從八六四至八七一年間所撰作品的署銜來看，他擔任攝沙州軍事判官之職，加官為將仕郎、守監察御史（有時帶「裡行」二字）、上柱國。[194]

關於縣令的加官，P.3718《晉故歸義軍都頭守常樂縣令銀青光祿大夫檢校國子祭酒兼御史大夫上柱國薛善通邈真贊並序》云：

> 初任節度押衙、守常樂縣令。主轄當人，安邊定塞。畏繁喧於洗耳，怯光榮於許由。辭位持家，譙公再邀於御史。

他先任節度押衙、守常樂縣令，從「辭位持家」一語觀之，似乎是要辭去這一官職，但從標題所示「都頭、守常樂縣令」來看，大概他的辭請未獲藩帥批准，而且幕職還從節度押衙升遷為都頭。另外值得注意的是「譙公再邀於御史」一句，這裡的「御史」當即標題中的「兼御史大夫」，應是歸義軍藩帥為薛善通向五代中央奏授的兼官，或者使用墨敕授官的權力直接授予。至於縣佐、鄉官等低級官吏的加官，也當是藩帥統一向朝廷奏授的。毫無疑問，晚唐五代時的這些加官已極氾濫，後唐「明宗長興二年（931），詔不得薦銀青階為州縣官，賤之

---

193 莫高窟第一四八窟供養人題記云：「弟子銀青光祿大夫、檢校國子祭酒、守涼州左司馬、兼御史大夫、上柱國隴西李明振一心供養」，見敦煌研究院編《敦煌莫高窟供養人題記》，第 68 頁。鄭炳林《敦煌碑銘贊輯釋》（甘肅教育出版社 1992 年版）第 294 頁注②認為，兼御史大夫為死後贈官。

194 鄭炳林：《論晚唐敦煌文士張球即張景球》，載《文史》1997 年第 43 輯。

至矣」，[195]敦煌邈真贊一般在標題中排列一長串官銜，如 P.3718《晉故歸義軍節度押衙知敦煌鄉務銀青光祿大夫檢校國子祭酒兼御史中丞上柱國李潤晟邈真贊並序》，而贊文中對他的職官升遷僅云「一舉節度押衙，兼遷敦煌鄉務」，通篇沒有說到加官的授予情況。

四、結論

本文從職、官一體的視角出發，以史料豐富而集中的歸義軍為個案，對唐五代藩鎮的選官制度進行了較全面的考察，涉及藩帥、幕府僚佐、州縣鄉官等多個層級的官吏，以及他們兼帶的一長串加官。這不僅對於藩鎮辟署制度研究的深入拓展有一定幫助，而且將辟署制與奏官制充分結合，使地方藩鎮官制與中央銓選制度也有機地聯結起來。毫無疑問，藩鎮對中央的逆順程度也在一定程度上影響著藩鎮的選官制度，割據型藩鎮的藩帥世襲與對州縣官的任命有很大的自由權。基於歸義軍這一個案，並考慮其所代表的藩鎮之普遍性與特殊性，本文得出以下結論：

第一，歸義軍是個割據型藩鎮，藩帥是由本地大族世襲自領，在這個前提下，他們又積極尋求中央朝廷的正式任命，這充分反映了此種類型的藩鎮既欲割據自立卻又仰賴於中央的雙重性格。筆者首先從具有權威性的中原文獻的角度，證實了中央政府對歸義軍歷任藩帥及其加官的朝命，很顯然，對歸義軍事實上只能達到羈縻統治的唐、五代、宋、遼諸朝，也樂意看到這個最西邊鎮的名義歸附；其次從敦煌文獻中揭出歸義軍首腦對藩帥及加官的自稱現象，更加增強了對此類

---

195 洪邁：《容齋隨筆》之《容齋續筆》卷五《銀青階》，上冊，第275頁。

藩鎮的割據性格的實際認識。

第二，幕府僚佐的辟署是學界關注的重點，關於辟署制的研究成果極多，本文主要從幕佐的辟署程序這一角度出發，利用敦煌文獻中的授官牒作了具體的復原考證。過去學者注目較多的是文職僚佐，而本文則重點顯示了武職軍將的辟署與遷轉，既發揮了敦煌文獻的優勢，也起到了互補的作用。幕佐的加官需要藩帥向中央朝廷奏授，因此必須放到職、官一體的視閾下進行觀察。根據敦煌邈真贊文獻和石窟供養人題記的記載，考察了唐宋之際幕佐加官的氾濫及其變遷，這與中原地區是一脈相承的。儘管加官的施授極為氾濫，日趨貶值，卻體現了一定的身分與地位，並在官制遷轉中具有重要的意義，這一意義對於中原藩鎮來説，要比相對封閉的歸義軍大得多。

第三，受藩鎮的干擾，州縣地方官的選任方式發生了很大變化，具體情況要視各藩鎮對中央的逆順程度而定。順從型藩鎮的州縣官，多由中央直接任命，或由藩帥向朝廷奏授；而在割據型藩鎮或邊遠藩鎮，則多由藩帥自命，形同辟署，有時也會向朝廷進行名義上的奏授。歸義軍屬於邊遠地區的割據型藩鎮，卻又奉中原王朝為正朔，其屬州刺史由藩帥向中央奏授，形式上由朝廷授任，而實際任命權則控制在歸義軍藩帥之手，州佐及縣鄉官基本上由藩帥直接辟署，他們可以在幕佐與州縣官之間隨意遷轉，表明兩者的身分已無甚區別。由於受到幕職化的影響，藩帥也為州縣鄉官向朝廷奏授加官，從而納入統一的職官制度中來。

本文主要討論了以上三個方面的內容，在前人重點探討辟署制度的基礎上，揭示出割據型藩鎮的藩帥既要世襲、自稱，又千方百計尋求朝命的雙重性格，幕府僚佐的實際辟署程序、加官的奏授及其氾濫，以及藩鎮體制下州縣鄉官的辟署化和兼帶加官的現象。由於敦煌

文獻與石窟題記資料的集中性，和歸義軍所處的晚唐、五代、宋初之
歷史階段，較為充分地反映了唐宋之際藩鎮選官制度及其演變的特
徵，而敦煌文獻中的授官牒也充分揭示了藩帥辟署官吏的具體程序。
當然，歸義軍只是個割據型藩鎮，自然不能代表所有地區的各類藩鎮；
尤其是歸義軍地處西陲，東通中原的道路不時地被一些少數民族勢力
所阻隔，加上中原動盪不寧，政權更迭頻繁，河西文人既不能參加中
原科舉，歸義軍官吏與內地官界之間也無法實現互相遷轉，致使歸義
軍官界成為孤立封閉的系統，特別是下屬官吏的加官意義大打折扣。
這些都在一定程度上使本文的個案分析受到了影響，也是讀者認識唐
五代藩鎮選官制度時所應注意的。

　　（本文原為香港大學饒宗頤學術館 2011 年出版的同名著作，收入
本書時作了修訂）

歸義軍鎮制考

　　鎮在古代是一種地方軍事機構，尤以十六國北魏、晚唐五代之鎮最為典型與突出，對於地方軍事起著頗為重要的作用。學界對十六國、北魏的鎮制探討頗為深入，考明了十六國後期鎮之起源、北魏前期鎮之發展、孝文帝南遷洛陽以後鎮之衰落等問題。[1]北魏後期實行改鎮為州的政策，大多數的鎮被改置為州，而所留之鎮的地位已大大降低。北朝後期及隋唐時代，鎮的規模、級別已與北魏前期有很大的不同。到安史之亂以後，在藩鎮所管諸州境內，又大量設鎮，使之成為

1　周一良：《魏晉南北朝史論集》之《北魏鎮戍制度考及續考》，北京大學出版社 1997 年版，第 215-238 頁。谷霽光：《谷霽光史學文集》第一卷《兵制史論》之《補魏書兵志》、《鎮戍與防府》，江西人民出版社、江西教育出版社 1996 年版，第 288-296、350-363 頁。張維：《元魏諸鎮考》，甘肅省文獻徵集委員會校印，1987 年。嚴耕望：《中國地方行政制度史》乙部《魏晉南北朝地方行政制度》第十一章「北魏軍鎮」，「中央研究院」歷史語言研究所，1997 年景印第 4 版，下冊，第 691-797 頁。牟發松：《十六國時期地方行政機構的軍鎮化》，載《晉陽學刊》1985 年第 6 期。高敏：《十六國時期的軍鎮制度》，載《史學月刊》1998 年第 1 期。梁偉基：《北魏軍鎮制度探析》，載《中央民族大學學報》1998 年第 2 期。

晚唐五代地方軍事體系中的重要機構。關於唐五代鎮之制度，學界探討相對較少，值得注意的是菊池英夫、日野開三郎對唐五代的鎮及其長官（即鎮將、鎮使、鎮遏使）的研究，後者指出：鎮和節度使屬同一類型，甚至有節度使被賤稱為鎮使而鎮卻被當作小型藩鎮，兩者只是身分和實力的高低大小的差異。[2]可見日野氏對藩鎮治下的鎮給予了較高的重視。對晚唐五代具體鎮制的考察，主要是在歸義軍鎮制問題上表現得較為熱烈，中日學者撰文考證曹氏「二州六鎮」、「二州八鎮」的建制以及各鎮的地理位置。[3]然而，關於歸義軍鎮制還有許多有待澄清和進一步討論的問題。茲在前人研究的基礎上，將歸義軍鎮制放到整個中古時期鎮制演變的大背景下進行考察，細加考辨與剖析諸家觀

2　〔日〕菊池英夫：《唐代邊防機關としての守捉・城・鎮等の成立過程について》，載《東洋史學》第 27 輯，1964 年。〔日〕日野開三郎：《日野開三郎東洋史學論集》第一卷《唐代藩鎮の支配体制》第二部《團結兵・鎮將と藩鎮体制》五《唐代藩鎮の跋扈と鎮將》，第 339-492 頁；《五代鎮將考》，載《東洋學報》第 25 卷第 2 號，1938 年。

3　向達：《唐代長安與西域文明》之《記敦煌石室出晉天福十年寫本〈壽昌縣地境〉》，河北教育出版社 2001 年版，第 421-433 頁。〔日〕榎一雄編：《講座敦煌》第二卷《敦煌の歷史》Ⅴ《帰義軍（唐後期・五代・宋初）時代》（土肥義和撰），大東出版社 1980 年版，第 233-251 頁。史葦湘：《絲綢之路上的敦煌與莫高窟》，載《敦煌研究文集》，第 90-92 頁。黃盛璋：《沙州曹氏二州六鎮與八鎮考》，載敦煌文物研究所編《1983 年全國敦煌學術討論會文集（文史・遺書編）》，甘肅人民出版社 1987 年版，上冊，第 269-281 頁；《于闐文〈使河西記〉的歷史地理研究》，載《敦煌學輯刊》1986 年第 2 期。盧向前：《關於歸義軍時期一份布紙破用歷的研究─試釋伯四六四〇背面文書》，載北京大學中國中古史研究中心編《敦煌吐魯番文獻研究論集》第 3 輯，北京大學出版社 1986 年版。陳國燦：《唐五代瓜沙歸義軍軍鎮的演變》，載唐長孺主編《敦煌吐魯番文書初探二編》，武漢大學出版社 1990 年版，第 555-580 頁。李並成：《漢敦煌郡廣至縣城及其有關問題考》，載《敦煌研究》1991 年第 4 期；《歸義軍新城鎮考》，載《北京圖書館館刊》1997 年第 4 期；《歸義軍會稽鎮考》，載《敦煌吐魯番研究》第 3 卷，北京大學出版社 1998 年版。馮培紅：《河西走廊上的會稽與建康》，載凍國棟、李天石主編《「唐代江南社會」國際學術研討會暨中國唐史學會第十一屆年會第二次會議論文集》，江蘇人民出版社 2015 年版，第 264-279 頁。

點，並逐一考釋歸義軍管內所置諸鎮，希望對歸義軍鎮制問題有一個新的認識，推進本課題研究的深入。

一、鎮制溯源——從十六國北魏到唐五代鎮制之演變

關於鎮的始置問題，周一良早在 1935 年發表的《北魏鎮戍制度考》開篇就指出：「設鎮於邊要形勝之地蓋非魏所獨有之制，《魏書・太宗紀》：『泰常二年九月，姚泓匈奴鎮將姚成都與弟和都舉鎮來降。』《常爽傳》：『居涼州，父坦，乞伏世鎮遠將軍、大夏鎮將。』制度雖不可考，然自『匈奴』『大夏』之命名觀之，則在邊地無疑」；並根據《魏書・太武五王傳》所載廣陽王元深上書中「昔皇始以移防為重，盛簡親賢，擁麾作鎮」之語，認為北魏「鎮之設立始自皇始」。[4]然而，不管是十六國後秦的匈奴鎮、西秦的大夏鎮，還是北魏皇始（396-398）置鎮，均屬於三八六年北魏建國以後之事。谷霽光《鎮戍與防府》也指出，在皇始之前的「魏登國四年（389）氐酋分諸氐羌為二十部都護，各為鎮戍，不置郡縣。當時以鎮代州，實質為鎮，但這種組織只稱都護，並沒有鎮的名號」；他在另一篇論文《補魏書兵志》中亦云：「軍鎮之制備於北魏。北魏以前有屯戍之兵，性質與鎮不同。至晉太元十四年，氐王分諸氐羌為二十部。都護各為鎮戍，不置郡縣。都護殆刺史、太守任也，始具鎮之雛形，時猶未以鎮名。」[5]谷氏以為，十六國後期亦即北魏登國四年，在氐人居住的隴南地區已經出現了鎮之雛

4　周一良：《北魏鎮戍制度考》，原載《禹貢》半月刊第 3 卷第 9 期，1935 年；此據《魏晉南北朝史論集》，第 215 頁。

5　谷霽光：《谷霽光史學文集》第一卷《兵制史論》之《鎮戍與防府》、《補魏書兵志》，第 351、291 頁。

形，雖無鎮的名號但實質為鎮。他所依據的史料應是《魏書·氐傳》，但引用此條材料有兩個錯誤：一是將「護軍」誤錄作「都護」，二是把分護軍的時代説成是東晉太元十四年（389），而司馬光則將此事繫於太元十九年（394 年，即北魏登國九年）十月，並云：「秦太子宣奔〔楊〕盛，分氐、羌為二十部護軍，各為鎮戍，不置郡縣。」[6]由此還可知道，氐人楊盛建立的護軍制度其實來源於前秦，但護軍制度並非肇始於前秦，早在魏晉時期就已有之。[7]其次，護軍制與鎮制是兩種不同的制度，所謂「分諸氐羌為二十部護軍，各為鎮戍」，是指設立護軍制進行鎮戍，而不是指氐人設立了鎮。張維《元魏諸鎮考》開篇云：「元魏自皇始之初，即已分置州鎮，其時蓋沿苻、姚舊習。」[8]唐長孺在研究十六國五胡政權的政治統治時，曾提到後秦、夏的軍鎮與鎮戶，指出：「赫連勃勃的軍鎮制度又遺留到北魏，薄骨律、高平、沃野諸鎮只是因襲舊制，後人考證北魏緣邊創置之始及其制度，這一點是常常被忽略的。」[9]因此，鎮制雖然在北魏臻於極盛，制度完備，但許多學者指出十六國時已經出現了鎮。

　　真正探討十六國鎮制的有牟發松、高敏兩氏。前者考察了後秦、

6　《資治通鑑》卷一〇八，東晉孝武帝太元十九年（394）條，第 3418- 3419 頁。《魏書》卷一〇一《氐傳》記載，楊定於北魏「登國四年（389），遂有秦州之地，自號隴西王。後為乞伏乾歸所殺，無子。佛狗子盛，先為監國，守仇池，乃統事，自號征西將軍、秦州刺史、仇池公，謚定為武王。分諸氐羌為二十部護軍，各為鎮戍，不置郡縣。遂有漢中之地，仍稱藩於晉。天興（398-404）初，遣使朝貢，詔以盛為征南大將軍、仇池王。隔礙姚興，不得歲通貢使」，中華書局 1974 年版，第 2228-2229 頁。由此觀之，389 年是楊定占據秦州稱隴西王的年份，並非楊盛分護軍之時。

7　張金龍：《十六國地方「護軍」制度補正》，載《西北史地》1994 年第 4 期。

8　張維：《元魏諸鎮考》，第 1 頁。該書末有其子張令瑄所題亦曰：「鎮將之制，肇至符秦，形成於元魏。」

9　唐長孺：《魏晉南北朝史論叢》之《晉代北境各族「變亂」的性質及五胡政權在中國的統治》，生活·讀書.新知三聯書店 1955 年版，第 167 頁。

夏、西秦乃至十六國前期諸政權的軍鎮與鎮戶，認為十六國時期地方
行政機構存在著軍鎮化的趨勢，而當時人及後人將這些軍鎮徑稱為
「鎮」，其長官亦被稱為「鎮將」，只是這種稱呼並不十分嚴格。牟氏論
文最後指出了十六國與北魏時期鎮的不同之處：

　　我們在上面討論十六國時期地方機構軍鎮化的現象時，為了方
便，一時又找不到其他更合適的名目，故常徑稱為「鎮」，這實際上是
不嚴格的。這些「鎮」，誠然同北魏軍鎮有著密切的連繫，其中有很多
為北魏所承襲、沿置，而且在史籍上亦不乏直呼其為鎮的，但它多數
猶未以鎮名，尚帶州郡虛號；作為「鎮」在名義上亦不預當時的正式
地方機構，其長官也不以「鎮將」名。總之，它們同制度化了的北魏
軍鎮，仍有著各種不同的量質兼有的區別。[10]

高敏具體探索了十六國前、後期鎮制的演變過程，云：

　　然而，北魏時期的這種以軍鎮統民並以之代替地方行政機構的制
度，並非始於北魏。究其根源，它應同十六國時期的軍鎮制度有一定
的連繫。單以十六國時期來說，它的前期與後期，在軍鎮制度方面也
存在著差異，反映出軍鎮制度本身確存在一個逐步形成的歷史發展過
程。如果說十六國前期還只是實行軍鎮制度的某些萌芽的話，那麼，
到十六國後期，就出現了比較定型的和較為普遍的軍鎮制度，特別是
地處西北邊陲的幾個少數民族政權，實行此制的情況尤為明顯。到了
北魏時期，才出現了典型的軍鎮制度。因此，對軍鎮制度本身由萌芽

10　牟發松：《十六國時期地方行政機構的軍鎮化》，載《晉陽學刊》1985年第6期。

到發展再到典型形態的發展過程進行研究，就不應當忽視十六國時期軍鎮制度的探討。

他將鎮制的萌芽、發展定型、典型形態，分別定位於十六國前期、後期及北魏時期。他指出，十六國前期如漢、前趙、後趙、前燕、前秦時期，出現了冠將軍號並鎮某地的形式，「已開始有設置軍鎮的某些跡象」，但是「這時的軍鎮制度遠非後期正式的軍鎮制度，充其量只能說是帶有後期軍鎮制度的某些因素，或者說是軍鎮制度的萌芽期」。他續云：「後秦時期的軍鎮，已不同於十六國前期軍鎮，它已是有實土、有兵士、有領民的實體，是一級地方行政單位，是與州、郡、縣並列的統治形式了」，並且指出了夏、後涼、西涼、南涼等政權也設置了鎮。[11]高氏將兩秦之交作為鎮出現的關鍵轉折階段的劃分方法，是有一定道理的；但是對於十六國時期鎮的具體設置上，其分析還缺乏更加直接有力的證據。

相比而言，嚴耕望根據《元和郡縣圖志》、《太平寰宇記》等後來唐、宋時期的地理志書，考得杏城鎮、三堡鎮始置於十六國，倒是提供了兩個實在的例證。他說：「鎮之初興，就文獻可考者而言，蓋起於劉石苻姚之世，如杏城鎮、三堡鎮是也。」[12]所謂「劉石苻姚之世」，嚴氏依據的是《元和郡縣圖志》卷三「坊州」條所言「劉、石、苻、姚時，於今州理西七里置杏城鎮，常以兵守之」。「劉、石、苻、姚」指前趙、後趙、前秦、後秦四朝，所說還比較籠統。而「鄜州」條逕

11　高敏：《十六國時期的軍鎮制度》，載《史學月刊》1998 年第 1 期。

12　嚴耕望：《中國地方行政制度史》乙部《魏晉南北朝地方行政制度》，下冊，第 794 頁。

云：「苻、姚置杏城鎮」，[13]又縮短了時代範圍。《通典》卷一七三「坊州」條徑注：「姚萇置杏城鎮，在今郡西」，[14]則把始置時代直接定在了後秦姚萇時。《晉書》卷一一六《姚萇載記》云：「魏褐飛自稱大將軍、衝天王，率氐胡數萬人攻安北姚當城於杏城，雷惡地應之，攻鎮東姚漢得於李潤。」姚萇欲謀進討，説：「若得杏城、李潤，惡地據之，控制遠近，相為羽翼，長安東北非復吾有。」從行文來看，當時杏城、李潤尚未設置為鎮，在姚萇在擊斬魏褐飛、生降雷惡地後才設立杏城鎮。又三堡鎮，據《元和郡縣圖志》卷三「丹州」條云：「苻、姚時為三堡鎮。」[15]

由上兩例可見，在前秦、後秦時期，鎮作為一種地方軍事機構已經正式出現了。《晉書》卷一一三《苻堅載記上》記其統一黃河流域後，以關東地廣人殷，欲命其族鎮守各地，云：「凡我族類，支胤彌繁，今欲分三原、九嵕、武都、汧、雍十五萬戶於諸方要鎮」，卷一一四《苻堅載記下》亦載，前秦未亂之時，「堅之分氏戶於諸鎮也」。前秦末，姚萇進攻前秦新平郡，太守苟輔欲降之，馮傑、馮翊等諫，其中説到「今秦之所有，猶連州累鎮，郡國百城」，苟輔乃為前秦固守；姚萇又遣吏謂苟輔曰：「卿但率見眾男女還長安，吾須此城置鎮。」此處稱前秦「連州累鎮」，以及後來建立後秦的姚萇想要在「此城置鎮」，足可證明前秦在統一黃河流域後設置了鎮。

後秦沿襲了前秦時鎮的制度，如姚萇曾「下書令留臺、諸鎮各置

---

13 李吉甫：《元和郡縣圖志》卷三《關內道三》「坊州」、「鄜州」條，中華書局 1983 年版，上冊，第 72、70 頁。

14 杜佑：《通典》卷一七三《州郡典三》，第 4 冊，第 4525 頁。

15 李吉甫：《元和郡縣圖志》卷三《關內道三》「丹州」條，上冊，第 74 頁。

學官」。[16]姚興時，隴東太守郭播曾說過「嶺北二州鎮戶皆數萬」。赫連勃勃南攻後秦，執擒鎮守杏城的姚詳，姚興派姚顯屯杏城，「因令顯都督安定、嶺北二鎮事」。[17]勃勃說：「姚興亦一時之雄，關中未可圖也。且其諸鎮用命，我若專固一城，彼必併力於我」；後來「進據安定，姚泓嶺北鎮、戍、郡、縣悉降，勃勃於是盡有嶺北之地」。[18]由此可知，後秦在嶺北地區設置了鎮、戍、郡、縣。前述周一良所揭後秦姚泓有匈奴鎮將姚成都，《晉書》卷一一九《姚泓載記》記載姚「懿遂舉兵僭號，傳檄州郡，欲運匈奴堡穀以給鎮人。寧東姚成都距之」，姚成都為寧東將軍、匈奴鎮將，他對姚懿說：「此鎮之糧，一方所寄，鎮人何功，而欲給之！」[19]「鎮戶」、「鎮人」二詞，屢見於《姚泓載記》，[20]胡三省注曰：「姚萇之興也，以安定為根本；後得關中，以安定為重鎮，徙民以實之，謂之鎮戶。」[21]從安定鎮戶三萬八千等數目觀之，後秦時期鎮的規模極大，與北魏相若。

16　《晉書》卷一一六《姚萇載記》，中華書局1974年版，第2971頁。

17　《晉書》卷一一八《《姚興載記下》，第2995頁。

18　《晉書》卷一三○〈《赫連勃勃載記》，第3203、3208頁。

19　該載記其他地方也有關於姚成都、匈奴堡的記載：「并州、定陽、貳城胡數萬落叛泓，入於平陽，攻立義姚成都於匈奴堡，推匈奴曹弘為大單于，所在殘掠。征東姚懿自蒲阪討弘，戰於平陽，大破之，執弘，送於長安，徙其豪右萬五千落於雍州」；「檀道濟、沈林子攻拔襄邑堡，建威薛帛奔河東。道濟白陝北渡，攻蒲阪，使將軍苟卓攻匈奴堡，為泓寧東姚成都所敗」。第3009、3014頁。

20　如：《晉書》卷一一九〈姚泓載記〉姚紹曰：「晉師已過許昌，豫州、安定孤遠，卒難救衛，宜遷諸鎮戶內實京畿，可得精兵十萬，足以橫行天下」；左僕射梁喜曰：「齊公恢雄勇有威名，為嶺北所憚，鎮人已與勃勃深仇，理應守死無貳，勃勃終不能棄安定遠寇京畿」；「〔姚〕懿遂舉兵僭號，傳檄州郡，欲運匈奴堡穀以給鎮人」；姚成都曰：「此鎮之糧，一方所寄，鎮人何功？而欲給之！」；「鎮人安定郭純、王奴等率眾圍懿」；「時征北姚恢率安定鎮戶三萬八千，焚燒室宇，以車為方陣，自北雍州趣長安，自稱大都督、建義大將軍，移檄州郡，欲除君側之惡」。第3010-3013頁。

21　《資治通鑑》卷一一七，東晉安帝義熙十二年（416）條胡三省注，第3692頁。

　　從上所考可證，前秦在統一黃河流域後已經置鎮，後秦建國早於北魏兩年，大部分時間與北魏相併存，後秦在其境內廣置諸鎮，與北魏前期普遍設鎮基本同步。北魏肇源於大鮮卑山，輾轉南徙才到代北。先建代國，三七六年為前秦所滅，又趁前秦淝水戰敗瓦解後於三八六年復國，並改代為魏。北魏的鎮制應與前秦、後秦有著密切的關係，其始置年代為道武帝皇始年間（396-398）。[22]北魏前期的鎮，數目多，地位高，制度極其重要，故前人亦述之備詳。嚴耕望曾考其數目、分布、種類、地位、組織等內容，共考得北魏有九十三個鎮。[23]北魏前期，鎮的地位甚高，《魏書》卷一一三《官氏志》云：「舊制，緣邊皆置鎮都大將，統兵備禦，與刺史同。城隍、倉庫皆鎮將主之，但不治。故為重於刺史。」北魏史籍中經常將「州鎮」並提，表明鎮與州並級，但鎮將又因掌軍事而地位重於刺史。延興二年（472）五月詔云「舊制，諸鎮將、刺史假五等爵」，[24]鎮將排序在刺史之前，亦表明北魏前期鎮的地位要稍高於州。北魏前期，出任鎮將及鎮兵是「當時人物，忻慕為之」的事情，多以「高門子弟」、「豐沛舊門」、「強宗子弟」、「國之肺腑」來擔任，但到孝文帝南遷國都，推行漢化，使鎮的地位一落千丈，故元深云：「及太和（477-499）在歷，……豐沛舊門，仍防邊戍。自非得罪當世，莫肯與之為伍。征鎮驅使，但為虞候白直，一生推遷，不過軍主。……自定鼎伊洛，邊任益輕，唯底滯凡才，出為鎮

22　《魏書》卷一八《太武五王，廣陽王建附深傳》載其上書：「昔皇始以移防為重，盛簡親賢，擁麾作鎮。」第 429 頁。同書卷四〇《陸俟傳》記載陸突在「太祖時率部民隨從征伐，數有戰功，拜屬威將軍、離石鎮將。天興（398-404）中，為上黨太守、關內侯」，第 901 頁。天興之前的年號即為皇始，可證北魏於皇始置鎮不誤。

23　嚴耕望：《中國地方行政制度史》乙部《魏晉南北朝地方行政制度》，下冊，第 691-762 頁。

24　《魏書》卷一一三《官氏志》，第 2975 頁。

將。」[25]魏蘭根亦曰:「中年以來,有司乖實。號曰府戶,役同廝養。官婚班齒,致失清流。」[26]由此可見,從北魏前期到後期,鎮制發生了巨大的變化,所以嚴耕望說:「至孝文銳意華化,對於此一為魏晉南朝所無之軍鎮制度,逐漸廢除,尤以太和十一年遷都前後所廢尤多。其後所存大鎮惟六鎮及御夷、薄骨律、高平、鄯善、敦煌等西北邊境十一鎮與若干較小軍鎮而已。」[27]到孝明帝正光(520-525)末,魏蘭根向尚書令李崇提出建議:「宜改鎮立州,分置郡縣。凡是府戶,悉免為民。」[28]於是,「崇乃上表求改鎮為州,罷削舊貫」,孝明帝當時未予採納,即其所說「朕於時以舊典難革,不許其請」,但後來六鎮起義愈演愈烈,孝明帝追悔莫及,[29]遂在正光五年八月丙申下詔:「諸州鎮軍貫,元非犯配者,悉免為民。鎮改為州,依舊立稱。」[30]在這次改鎮為州的行動中,最終撤銷了沃野等六鎮及薄骨律、御夷、高平諸鎮,皆改為州。[31]

　　經過太和、正光年間的改革,大多數的鎮被改置為州,但是鎮的建制並未完全撤銷,北魏末年還留下了為數不多的一些鎮。[32]據嚴耕望

25　《魏書》卷一八《太武五王‧廣陽王建附深傳》,第 429-430 頁。

26　《北齊書》卷二三《魏蘭根傳》,中華書局 1972 年版,第 329-330 頁。

27　嚴耕望:《中國地方行政制度史》乙部《魏晉南北朝地方行政制度》,下冊,第 794 頁。

28　《北齊書》卷二三《魏蘭根傳》,第 330 頁。

29　《魏書》卷六六《李崇傳》,第 1473 頁。

30　《魏書》卷九《肅宗紀》,第 236-237 頁。

31　《魏書》卷八九《酷吏‧酈道元傳》云:「肅宗以沃野、懷朔、薄骨律、武川、撫冥、柔玄、懷荒、御夷諸鎮並改為州。」第 1925 頁。據同書卷一〇六下《地形志下》(第 2622 頁)記載,高平鎮也在正光五年改為原州。

32　《周書》卷一《文帝紀上》記載,北魏統治的最後一年,即孝武帝永熙三年(534),宇文泰傳檄方鎮曰:「其州鎮郡縣,率土人黎,或州鄉冠冕,或勛庸世濟,並宜舍逆歸順,立效軍門。」中華書局 1971 年版,第 12 頁。

考證統計，孝明帝正光之後的孝莊帝至孝武帝時代，還有三堡、長蛇、汧城、榆中、新野、盤陽、撫宜等七個鎮。在這些鎮中，嚴氏考得汧城、榆中、新野、撫宜四鎮在北魏末年仍然設置，而三堡、長蛇、盤陽三鎮則延續到了東、西魏。[33]如東魏孝靜帝元象二年（539），北徐州刺史、當州大都督暴顯「從高祖（指高歡）與西師戰於邙山，高祖令顯守河橋鎮，據中潬城」；[34]元象（538-539）時，堯傑「出為磨城鎮大都督」；[35]高澄執政時，採納破六韓常的計策，「遣大司馬斛律金等築楊志、百家、呼延三鎮」；[36]房士隆在「興和（539-542）中，東清河太守，帶盤陽鎮將」；[37]五四七年，西魏梁椿跟「從李弼赴潁川援侯景。別攻闔韓鎮，斬其鎮城徐衛」；西魏還「攻拔東魏平齊、柳泉、蓼塢三城，獲其鎮將李熙之」。[38]又如西魏，宇文泰平定梁、益之後，但常有暴亂，「每歲命隨近州鎮出兵討之」；[39]據《元和郡縣圖志》卷三「丹州」條記載：「苻、姚時為三堡鎮。後魏文帝大統三年（537），割鄜、延二州地置汾州，理三堡鎮。廢帝以河東汾州同名，改為丹州」；[40]《周書》卷一七《王德傳》記載大統「十三年，授大都督、原靈顯三州五原蒲川二鎮諸軍事」；卷三三《趙昶傳》載其於大統「十五年，拜安夷郡守，帶長蛇鎮將」。雖然在史籍中有時仍以「州鎮」連稱，但這時鎮

33　嚴耕望：《中國地方行政制度史》乙部《魏晉南北朝地方行政制度》，下冊，第727-762頁。

34　《北齊書》卷四一《暴顯傳》，第536頁。

35　《北齊書》卷二〇《堯雄傳》，第270頁。

36　《北齊書》卷二七《破六韓常傳》，第379頁。

37　《魏書》卷四三《房法壽傳》，第975頁。

38　《周書》卷二七《梁椿傳》、卷三六《司馬裔傳》，第451、645頁。

39　《周書》卷四九《異域傳上》，第891頁。

40　李吉甫：《元和郡縣圖志》卷三《關內道三》「丹州」條，上冊，第74頁。

的地位已不能和北魏前期同日而語，北魏前期鎮將兼州刺史較為常見，而到後期及東、西魏時則出現了鎮將由郡守兼領的事例，如上舉西魏安夷郡太守帶長蛇鎮將趙昶即是其例。西魏相府參軍事趙昷「帥所領與齊人前後五戰，斬郡守、鎮將、縣令五人，虜獲甚眾」，[41]鎮將排在了郡守之後。嚴耕望說，北魏「前期鎮將都督諸州兼帶刺史。自太和中葉以後，州郡區內大鎮悉廢，所存之鎮，其鎮將不兼刺史而帶郡守，其地位已猛降可知。逮魏末及分東西以後，轉以郡守帶鎮將，是其地位似又降居郡守之下矣。鎮將地位之逐步降低亦即鎮位之逐步降低也」。[42]甚至，扶風郡南由縣在北魏時置縣，到西魏時改為鎮，北周又復為縣，[43]可知西魏時有的鎮似淪落到與縣的地位相當。

到北齊、北周時，依然置鎮。只不過北周實行制度改革，名鎮曰防，但這只是名稱上的變化，其實質未變，而且在《周書》中雖然稱「防」較為普遍，但有時仍偶爾稱「鎮」。

《隋書》卷二七《百官志中》記北齊官制中的鎮之組織，遠較《魏書》卷一一三《官氏志》所記北魏鎮將詳細，其云：「三等諸鎮，置鎮將、副將，長史，錄事參軍，倉曹、中兵、長流、城局等參軍事，鎧曹行參軍，市長，倉督等員。」由此可知，北齊時鎮分為三等，即上鎮、中鎮、下鎮，其所置官職除上揭諸職之外，據嚴耕望統計，北魏的鎮府組織中還有監軍、司馬、功曹史、省事、戶曹史、獄隊尉、門

41　《隋書》卷四六《趙昷傳》，中華書局 1973 年版，第 1249 頁。

42　嚴耕望：《中國地方行政制度史》乙部《魏晉南北朝地方行政制度》，下冊，第 779 頁。

43　《隋書》卷二九《地理志上》「扶風郡南由縣」條注云：「後魏置，西魏改為鎮，後周復置縣。」第 810 頁。

士、外兵使、函使、統軍、別將、軍主、隊主、軍將、戍將等，[44]可能北齊因鎮的地位下降，故鎮之職官員額亦隨之減少。上揭《百官志中》又載，北齊時三等鎮將為第四品下，與三等下州刺史同；三等鎮副將為從第四品下，與三等中郡太守同品異階；而三等上郡太守為從第三品，三等下郡太守為從第五品下，則知鎮的地位較州低，而稍高於郡。北周大像二年（580）九月「丙戌，廢河陽總管為鎮，隸洛州」，[45]可證鎮屬於州，嚴耕望亦云「最遲周齊時代鎮已統於州矣」。[46]五七七年，周滅齊，「齊諸行臺、州鎮悉降，關東平。合州五十五，郡一百六十二，縣三百八十五，戶三百三十萬二千五百二十八，口二千萬六千八百八十六」。[47]這裡雖然提到了「州鎮」，但只列州、郡、縣的數目及戶口數，未言及鎮，表明北朝後期已從原來的軍政合一走向分離，鎮只管軍事。

值得注意的是北周的防制與鎮制的關係。谷霽光《鎮戍與防府》一文對「防」作了初步的考釋，他說防在北魏末年已有設置，通行於北周，每防設防主、副防主，防主或為刺史兼領，或為太守兼領。但他認為，鎮與防並不等同，鎮較防高，構成了州鎮防戍的等級；又說鎮兵世役，防是差發。[48]而且，在北周時的史籍中仍記載有鎮，如梁士

44　嚴耕望：《中國地方行政制度史》乙部《魏晉南北朝地方行政制度》，下冊，第783-793頁。

45　《周書》卷八《靜帝紀》，第134頁。

46　嚴耕望：《中國地方行政制度史》乙部《魏晉南北朝地方行政制度》，下冊，第780頁。

47　《周書》卷六《武帝紀下》，第101頁。

48　谷霽光：《鎮戍與防府》，載《谷霽光史學文集》第一卷《兵制史論》，第355-357、360頁。

彥被周武帝任命為九曲鎮將，裴孝仁為長寧鎮將，[49]李穆在天和（566-572）時「築武申、且邪、慈澗、崇德、安民、交城、鹿盧等諸鎮」。[50]史籍中還出現了「鎮防」一詞，如《周書》卷二八《史寧傳》云：「孝閔帝踐阼，拜小司徒，出為荊襄淅郢等五十二州及江陵鎮防諸軍事、荊州刺史」；同卷《陸勝傳》記載，周明帝對他說：「益州險遠，非親勿居，故令齊公作鎮。卿之武略，已著遐邇，兵馬鎮防，皆當委卿統攝」；卷三一《韋孝寬傳》亦云：「時或勸孝寬，以為洛京虛弱，素無守備，河陽鎮防，悉是關東鮮卑」。以上三例「鎮防」並稱，既可作「鎮」、「防」名詞解，亦可作「鎮防」動詞解。然第三例中的固定地名「河陽」，上揭北周大象二年（580）「廢河陽總管為鎮，隸洛州」，此後隋代河陽亦設鎮。[51]由此觀之，這裡三處「鎮防」似應理解為動詞，而防其實即鎮。因此，嚴耕望認為：「防之性質地位與魏末北齊之鎮全同，蓋北周實改鎮曰防，偶稱曰鎮，用舊名耳。」筆者贊同嚴說，北周史籍中雖然偶有稱鎮者，但稱防較為普遍，且所置之防與原來之鎮無甚區別，這種只是名稱上的變化與北周的制度名號改革是相一致的。至隋，初無防制，但到隋煬帝時期，好古改制，遂「又置諸防主、副官，掌同諸鎮」。[52]既然所掌相同，則鎮、防並無多大區別。

隋唐沿襲北齊制度，[53]仍置三等鎮。《隋書》卷二八《百官志下》記隋代官制云：「鎮，置將、副。……其制，官屬各立三等之差。」唐

49　《周書》卷三一《梁士彥傳》、卷三六《裴果傳》，第 547、648 頁。

50　《隋書》卷三七《李穆傳》，第 1116 頁。

51　《隋書》卷七七《隱逸・崔廓附崔賾傳》云：「大業四年（608），從駕汾陽宮，次河陽鎮。」第 1757 頁。

52　《隋書》卷二八《百官志下》，第 802 頁。

53　參陳寅恪：《隋唐制度淵源略論稿》，中華書局 1963 年版，第 42- 47、51-58、82-87 頁。

亦如之。但是，隋唐兩代鎮的地位又有所不同，表現在官品上呈現出由高向低的趨勢。在隋代，上鎮將為從四品下，[54]與上郡太守同品異階；中鎮將、上鎮副為從五品下，與中郡太守同品異階；下鎮將、中鎮副為正六品，與下郡太守同品異階；下鎮副為從六品，與上縣令同品異階。[55]而到唐代，上鎮將為正六品下，鎮副為正七品下；中鎮將為正七品上，鎮副為從七品上；下鎮將為正七品下，鎮副為從七品下。[56]由此可見，從北魏經北齊、隋到唐代，鎮的地位明顯呈現下降的趨勢。關於鎮府的組織，據《隋書》卷二八《百官志下》統計，隋代的鎮設有鎮將、鎮副、長史、司馬、諸曹參軍事、士曹行參軍等職，而唐代的鎮設有鎮將、鎮副，倉曹、兵曹參軍事，錄事、史，倉曹、兵曹佐、史，倉督、史。[57]較之北魏、北齊鎮制，隋代鎮府官員的名額亦有所減少。

關於唐代的鎮制及其規模，「凡上鎮二十，中鎮九十，下鎮一百三十五」；「每防人五百人為上鎮，三百人為中鎮，不及者為下鎮」。[58]若以這一數字計算，則天下鎮之兵力總數不超過七萬七千五百人，既單薄又分散，只能駐防於關隘重地。故唐長孺認為，唐朝的「鎮戍兵力單薄而又分散。鎮戍制度源自北魏。……那時鎮的規模龐大，領兵多以萬計。像《六典》所述那樣分散單薄的鎮戍當是周齊舊制」。為了改變這一狀況，起到有效抵禦周邊少數民族的寇擾，「唐代前期在邊境要地設置軍鎮，改變了分散單弱的傳統鎮戍制度」。這種新的軍鎮制度就

54　原文作「上鎮將軍」，衍一「軍」字。

55　《隋書》卷二八《百官志下》，第 785-786 頁。

56　《舊唐書》卷四四《職官志三》，第 1923 頁；《新唐書》卷四九下《百官志四下》，第 1319-1320 頁。

57　《新唐書》卷四九下《百官志四下》，第 1319-1320 頁。

58　《新唐書》卷四九下《百官志四下》，第 1320 頁。

是節度使。[59]《新唐書》卷五〇《兵志》云：「唐初，兵之戍邊者，大曰軍，小曰守捉，曰城，曰鎮，而總之者曰道」，可見鎮的建制最小，道即藩鎮，置節度使。菊池英夫利用傳世史籍與吐魯番文書對唐前期的軍、守捉、城、鎮等機構進行了考證；[60]日野開三郎則對唐藩鎮時代管內各級鎮將的配置，鎮的增加普及，鎮與軍、守捉、戍、營、城、寨、柵、堡等軍事機構之關係，鎮的構成與統屬，藩鎮的跋扈與鎮將之關係等一系列問題做了深入的探究。[61]上揭《兵志》續云：「其軍、城、鎮、守捉皆有使。」由於使職的興起，鎮將、鎮副亦更名為鎮使、副使。[62]《大唐六典》卷五《尚書兵部》云：「凡鎮，皆有使一人、副使一人。」[63]鎮使，亦曰鎮遏使、鎮遏將、鎮將、鎮主等，其僚佐除了副使，倉曹、兵曹參軍事，倉曹、兵曹佐、史，錄事、倉督等之外，還設有監使、長史、都知兵馬使、兵馬使、都遊奕使、遊奕使、押衙、判官等職。

　　在探討唐後期五代藩鎮體制之下的鎮制時，日野開三郎云：

　　首先應該指出的是，在藩鎮管區內如網眼般密布的各鎮兵統

59　唐長孺：《魏晉南北朝隋唐史三論》，武漢大學出版社，1993 年，第 414-415、431 頁。

60　〔日〕菊池英夫：《節度使制確立以前における「軍」制度の展開》及《續編》，分別載《東洋学報》第 44 卷第 2 號，1961 年；第 45 卷第 1 號，1962 年；《唐代辺防機関としての守捉・城・鎮等の成立過程について》，載《東洋史学》第 27 輯，1964 年。

61　〔日〕日野開三郎：《日野開三郎東洋史学論集》第一卷《唐代藩鎮の支配体制》第二部《團結兵・鎮將と藩鎮体制》五《唐代藩鎮の跋扈と鎮將》，第 339-492 頁。

62　〔日〕菊池英夫：《唐代邊防機関としての守捉・城・鎮等の成立過程について》（載《東洋史学》第 27 輯，1964 年）討論了鎮戍之鎮與軍鎮之鎮的區別，如前者是府兵制下具有定員兵額的鎮，後者的兵員則不定額，因此鎮將，鎮使亦不完全相同。不過，唐後期五代鎮使也被稱為鎮將，則又是常見的現象。

63　李林甫等：《大唐六典》卷五《尚書兵部》，中華書局 1992 年版，第 158 頁。

帥——鎮將，是增強藩鎮勢力的最大支柱。這就是，藩鎮把軍隊分派
到包括州縣官所在地在內的都邑、關津、險要等政治、經濟中心地帶
長期駐守，並以自己的心腹將校（押衙、兵馬使、討擊使、十將等）
任各軍的統帥，各軍稱為外鎮或巡鎮，統帥稱為鎮將（鎮遏將、鎮遏
使、鎮使）。藩鎮在使鎮將負責管區內的治安防衛工作的同時，還使他
們監視、妨礙由朝廷任免的刺史、縣令的行動，憑藉配備這種鎮將監
視網，才得以對管區內實行徹底的專制統治，把整個管區凝結成一支
對抗朝廷的勢力。

又云：

　　唐代的鎮，很少大到一縣以至數縣的，如前所述，由於唐末戰亂
時期自衛團的普及和發展，大者補任州刺史、縣制置使，小者補任鎮
將，所以鎮的數量激增，以至州內的鎮如鱗次櫛比，但地域縮小了，
一般地比縣小。可是也有大到擁有數鄉數村並小都市，縱橫十數華里
以至十華里的。[64]

　　在晚唐五代，鎮的數量激增是個重要的現象，鎮將的地位與縣令
相當，但鎮管轄的地域卻不及縣，往往一縣境域之內設有數鎮，這種
密集設置的鎮的體系是晚唐五代地方軍事的重要特徵。藩鎮節度使派
遣其親信押衙、都頭等兼任鎮將，依靠對這些鎮的控制進而加強對地
方上的軍事控制。胡三省曰：「是後方鎮率分置鎮將於諸縣，縣令不得

64　〔日〕日野開三郎：《五代鎮將考》，載《東洋学報》第 25 卷第 2 號，1938 年。此處
　　之漢譯文見日野開三郎著、索介然譯《五代鎮將考》，載劉俊文主編《日本學者研究
　　中國史論著選譯》第 5 卷《五代宋元》，中華書局 1993 年版，第 72、76 頁。

奉其職矣。」[65]由於在藩鎮戰亂時代，鎮將得到節度使的支持，且又擁有軍權，故而常凌駕於縣令之上，侵越縣令職權，插手民政事務。這種情況是唐後期五代藩鎮軍閥時代的特殊產物。從五代初年開始，各朝均力圖削弱節度使及鎮將的權力，提升刺史與縣令的權力，以恢復正常的行政統治。《舊五代史》卷五《梁書·太祖紀五》記載了一則事例：開平四年（910）四月，「帝過朝邑，見鎮將位在縣令上，問左右，或對曰：『宿官秩高。』帝曰：『令長字人也，鎮使捕盜耳。且鎮將多是邑民，奈何得居民父母上，是無禮也。』至是，敕天下鎮使，官秩無高卑，位在邑令下」。此例生動地說明，雖然五代初年中央朝廷為了加強統治權而努力提升縣令的地位，但也反映了當時鎮將重於縣令的實際狀況。《續資治通鑑長編》卷三宋太祖建隆三年（962）條云：「五代以來，節度使補署親隨為鎮將，與縣令抗禮，凡公事專達於州，縣吏失職。自是還統於縣，鎮將所主，不及鄉村，但郭內而已。」晚唐五代鎮將侵凌縣令的現象，直到北宋才有改變。

不僅如此，晚唐五代還出現了所謂「縣鎮」，即縣、鎮並治於一地。《資治通鑑》卷二五四、二五五記載，唐僖宗中和二年（882）三月，西川節度使「陳敬瑄多遣人歷縣鎮坰事」；十一月，西川都招討指揮使高仁厚平定阡能之亂，「每下縣鎮，輒補鎮遏使，使安集戶口」。張國剛《唐代藩鎮軍隊的統兵體制》第四部分以「縣鎮」為題進行了專門探討。[66]元和十四年（819）二月「辛酉，襄陽節度使孟簡舉鄖鄉鎮遏使趙潔為鄖鄉縣令，有虧常式，罰一月俸料」，[67]這表明同治一地的「縣鎮」，其鎮將、縣令是不許由一人兼任。然而，「縣鎮」長官一

65　《資治通鑑》卷二五五，唐僖宗中和三年(883)條胡三省注，第 8299 頁。

66　張國剛：《唐代藩鎮軍隊的統兵體制》，載《晉陽學刊》1991 年第 3 期。

67　《舊唐書》卷一五《憲宗紀下》，第 466 頁。

身二任的情況在晚唐五代仍有出現，如張氏揭出的《冊府元龜》卷一六五《帝王部·招懷》元和十四年正月條「淄青偽署海州陽縣令兼鎮遏兵馬使梁洞，以縣降於楚州刺史李聰」之史料，《五代會要》卷二〇《縣令下》所記後周顯德五年（958）十月詔：「淮南諸縣令，仍舊兼知鎮事，從江南之舊制也」，[68]以及下文將要論及的歸義軍節度使治下的壽昌、紫亭、常樂等鎮，皆是鎮將、縣令由一人兼任。日野開三郎在考察五代鎮將的隸屬關係時云：「兼任縣令和鎮將的事，作為改革鎮將隸屬關係的一個環節，在憲宗時代被禁止了，而且一直延續到五代，這麼看似乎不會錯」，他把淮南縣令兼知鎮事的舊制看作是南唐文治政治發達的一個例外，並作結論云：「五代的鎮將和縣令之間沒有兼任和隸屬關係，鎮將不直屬於藩鎮，全都屬於州並受州的指揮，只有會府內的鎮將直屬於兼任州長的藩鎮，……但這也只是個原則，並不是沒有例外。」[69]就五代地方政治軍事發展的總體趨勢而論，縣、鎮逐漸走向分離和中央朝廷升縣抑鎮的做法，是毫無疑問的；但是要說唐後期五代鎮將、縣令不再互兼則未必，日野氏把南唐縣令兼知鎮事的制度、後漢時勝州並沿河五鎮置永安軍均說成是「例外」，但又說「並不是沒有例外」。實際上，在五代乃至北宋所謂「縣鎮」即鎮將兼知縣令的情況仍然存在，下面討論的歸義軍鎮制即有其例。

二、歸義軍「六鎮」、「八鎮」研究述評

歸義軍是晚唐、五代、宋初建節於敦煌的一個地方藩鎮，歷經

---

68 王溥：《五代會要》卷二〇《縣令下》後周顯德五年(958)十月條，中華書局 1998 年版，第251頁。

69 〔日〕日野開三郎：《五代鎮將考》，載《東洋学報》第 25 卷第 2 號，1938 年。

張、曹二氏執政，勢力最大時囊括了整個河西走廊及西域東部，小則退縮瓜、沙二州。[70]晚唐時，張氏歸義軍雖然在河西諸州設置了許多鎮，但因史載缺略，難以考全，目前對張承奉時期瓜、沙二州境內諸鎮了解較多；到五代、宋初曹氏歸義軍時，傳世史籍與敦煌文獻中經常出現「二州六鎮」、「二州八鎮」之詞。這種州鎮連稱的叫法，顯示出鎮在歸義軍統治體制中起著十分重要的作用，直接關係到歸義軍在「四面六蕃圍」的嚴峻形勢下的生存狀況。[71]

先來看「二州六鎮」，S.4276《管內三軍百姓奏請表》首云：

歸義軍節度左都押衙、銀青光祿大夫、檢校國子祭酒、兼御史大夫安懷恩并州縣僧俗官吏、兼二州六鎮者老及通頰退渾十部落、三軍、蕃漢百姓一萬人上表。

唐長孺根據表文所述自張議潮大中二年（848）收復敦煌之後「爾後子孫相繼七十餘年」一語，考訂為同光二年（924）曹議金上給後唐朝廷的表文。[72]這說明，「二州六鎮」是曹氏歸義軍初期的稱呼。又，敦煌莫高窟第一〇八窟甬道北壁西向第四身供養人畫像題記云：

70　〔日〕藤枝晃：《沙州歸義軍節度使始末（一）～（四）》，連載《東方学報》（京都）第 12 冊第 3、4 分，第 13 冊第 1、2 分，1941-1943 年；榮新江：《歸義軍史研究》，上海古籍出版社 1996 年版；馮培紅：《敦煌的歸義軍時代》，甘肅教育出版社 2013 年版。

71　P.3911《望江南》唱道：「敦煌郡，四面六蕃圍。」關於這首曲子詞的年代，蘇瑩輝《論敦煌本〈望江南〉雜曲四首之寫作時代》（載《敦煌論集續編》，學生書局 1983 年版，第 115-128 頁）認為在九二〇至九二三年之間。

72　唐長孺：《關於歸義軍節度的幾種資料跋》，載《中華文史論叢》第 1 輯，1962 年。

故兄歸義軍節度應管內二州六鎮馬步軍諸司都管將使、檢校司空、兼御史大夫、上柱國譙郡曹□□一心供養[73]

「曹□□」，伯希和（P.Pelliot）識讀為「曹延裕（？）」，[74]向達錄作「曹延祥（？）」。[75]這位官任歸義軍應管內二州六鎮馬步軍諸司都管將使的「曹□□」，究竟是誰？同壁所繪第一、二身供養人像為已故節度使曹議金與現任節度使曹元德，曹□□是曹議金之兄，此時也已亡故。P.4638《曹良才邈真贊並序》云：

公諱某乙，字良才，即今河西一十一州節度使曹大王之長兄矣。……牧童廢業，二州悶絕而號天；八樂無音，六鎮哀聲而震地。

賀世哲根據曹良才的官銜及「二州」、「六鎮」之語，推斷「這位曹□□很可能是曹良才」，[76]是曹氏歸義軍首任節度使曹議金的長兄。如此也表明，「二州六鎮」確實是曹氏前期對其管內所轄區域的稱呼，即指沙、瓜二州及其轄下的六個鎮。

到曹氏歸義軍中期，又增設了兩個鎮，使「六鎮」演變為「八

---

73 敦煌研究院編：《敦煌莫高窟供養人題記》，第103頁。謝稚柳《敦煌藝術敘錄》錄作「故兄歸義軍節度應管內□□六鎮馬步□□□□□、檢校司空、兼御史大夫、上柱國譙郡曹□□一心供養」，第82頁。

74 〔法〕伯希和著，耿昇、唐健賓譯：《伯希和敦煌石窟筆記》（甘肅人民出版社1993年版，第103頁）在「裕」字後面加一問號，並說「其中的『裕』字似乎不是『祿』字之誤。應該重新察看這條題識，因為其中還有一些可以認出的筆畫，並核實一下此人是否就是曹延祿，也就是曹元忠的兒子和曹議金的孫子」。

75 向達：《唐代長安與西域文明》之《記敦煌石室出晉天福十年寫本〈壽昌縣地境〉》，第425頁。

76 賀世哲：《試論曹仁貴即曹議金》，載《西北師大學報》1990年第3期。

鎮」，因此在敦煌文獻與傳世史籍中也就出現了「二州八鎮」的説法。
P.2496　piéce 1《某年二月一日內親從都頭知二州八鎮管內都渠泊使翟某
狀》云：

（前缺）

1.　　　　起居不宣，謹狀。

2.　　　　　　二月一日，內親從都頭、知二州八鎮管內都渠泊使、
兼御史大夫翟□□□□

3. 宰相　　閣下
謹空

關於此狀的年代，陳國燦根據《舊五代史》卷一一五《周書・世宗紀
二》所記顯德二年（955）五月「戊子，以沙州留後曹元忠為沙州節度
使、檢校太尉、同平章事」，認為曹元忠是使相，遂定該狀作於九五五
年以後，並得出結論：「在曹元忠掌權時，才出現『二州八鎮』的記
載。」[77]鄭炳林則認為上狀的對像是西漢金山國的宰相。[78]此從陳説。
又，Дх. 285 + Дх. 2150 +Дх. 2167 +Дх. 2960 + Дх. 3020 +Дх. 3123v《祭慈
母文》中云：

伏惟靈乳眷恩，認其惟慈母，即前中□都頭、檢校左散騎常侍楊
公之子，出為故管內馬步都押衙、兼二州八鎮應管內諸司都指揮使、
檢校禮部尚書、輕騎都尉、□長男中孔之妻也。

77　陳國燦：《唐五代瓜沙歸義軍軍鎮的演變》，載《敦煌吐魯番文書初探二編》，第 569
　　頁。

78　鄭炳林：《晚唐五代敦煌歸義軍行政區劃制度研究（之二）》，載《敦煌研究》2002
　　年第 3 期。

此件文書的年代不可考，但應屬於曹氏歸義軍時期。此後，到北宋真宗咸平五年（1002），曹宗壽發動政變，逼迫族叔節度使曹延祿等人自殺，奪取節度使大權。《宋會要・蕃夷志》「瓜沙二州」條記載此事云：

> 　　真宗咸平……五年八月，權歸義軍節度兵馬留後曹宗壽遣牙校陰會遷入貢，且言：「為叔歸義軍節度使延祿、瓜州防禦使延瑞將見害，臣先知覺，即投瓜州。蓋以當道二州八鎮軍民，自前數有冤屈，備受艱辛，眾意請臣統領兵馬，不期內外合勢，便圍軍府，延祿等知其力屈，尋自盡。臣為三軍所迫，權知留後，兼差弟宗以（《宋史》卷四九〇《外國六・沙州傳》作『宗允』）權知瓜州，訖文表求降旌節。」[79]

由此可見，從曹氏中期到後期，歸義軍一直以「二州八鎮」相稱。

　　歸義軍時期的鎮制，尤其是曹氏時期的「六鎮」、「八鎮」，由於軍事地位重要，護防瓜沙歸義軍政權，向來受到中外學界的關注，研究成果頗多，而說法也各異。茲述諸家觀點，兼作評議。

　　一九四四年，向達在考釋《壽昌縣地境》時，首先引錄了莫高窟C39/P52窟（今敦煌研究院編第108窟）供養人題記：「故兒（？）歸義軍節度府（？）管內二州六鎮馬步軍都頭□□使檢校司空兼御史大夫上柱國譙郡曹延祥（？）一心供養」，並云：「此題名結銜中之二州，自指瓜、沙二州而言，六鎮亦當在二州境內，而其名則不盡可考。」他考得「六鎮」中的三鎮為沙州之紫亭鎮與瓜州之雍歸、懸泉鎮，認為紫亭鎮大約在黨河上游今之黨城，雍歸鎮疑即今榆林窟南七十里之石

79　徐松輯：《宋會要輯稿》第198冊《蕃夷五》，第7767頁。

包城，懸泉鎮在今鎖陽城鎮西北之破城子。[80]

　　一九八〇年，土肥義和為《講座敦煌》第二卷《敦煌的歷史》撰寫《歸義軍（唐後期・五代・宋初）時代》，在探討歸義軍行政機構時，指出了從晚唐張承奉時期的「二州六鎮」演進到宋初曹氏後期的「二州八鎮」，並從 P.4640v《唐己未至辛酉年（899-901）歸義軍軍資庫司布紙破用歷》（以下簡稱「《布紙破用歷》」）中鉤稽出了新城、邑歸、玉門、紫亭、壽昌等五鎮，再加上從懸泉鄉升格而成的懸泉鎮，共為「六鎮」；他又根據 P.3727《後周廣順五年（955）正月都知兵馬使呂富延陰義進等上太保銜狀》中「有馬蹤多少騎，數來入會稽、新鄉、雍歸、新城管界」之語，前「六鎮」加上這裡新出現的會稽、新鄉二鎮，共成「八鎮」。土肥氏認為，「增設二鎮而成為二州八鎮是在九世紀三〇年代以後、九五五年以前」。他還指出，這「八鎮」中，沙州有三鎮，即：沙州東一百四十五里置懸泉鎮，沙州西南一百二十里壽昌城近郊置壽昌鎮，壽昌城西南近一百九十八里置紫亭鎮；瓜州有五鎮，即：肅州西的玉門城置玉門鎮，其西置會稽鎮，瓜州南一百八十里置新鄉鎮，州西置雍歸鎮、新城鎮。歸義軍節度使在這些鎮派遣了鎮使（鎮遏使或鎮將）、副使、監使等進行指揮。[81]土肥氏利用法藏敦煌文獻將歸義軍鎮制問題的研究向前推進了一大步，其意義在於：(1) 揭出了蘊含豐富信息的《布紙破用歷》中的鎮，首次考證了「六鎮」之名；(2) 弄清楚了曹氏歸義軍中期新增設的會稽、新鄉二鎮，恰好湊成「八鎮」

80　向達：《唐代長安與西域文明》之《記敦煌石室出晉天福十年寫本〈壽昌縣地境〉》，第 425-428 頁。向氏所言懸泉鎮在「今安西踏實之破城子」，安西縣踏實鄉現已更名為瓜州縣鎖陽城鎮。

81　〔日〕榎一雄編：《講座敦煌》第二卷《敦煌の歷史》Ｖ《帰義軍（唐後期・五代・宋初）時代》》（土肥義和撰），第 244-246 頁。

之數。不過，土肥氏的觀點也存在可商榷之處：(1) 他從《布紙破用歷》中揀出了新城、邑歸、玉門、紫亭、壽昌五鎮，再加懸泉鎮而成為「六鎮」，實際上此歷也記載到懸泉鎮：「又支與懸泉鎮使曹子盈粗布壹匹」，懸泉鎮設在瓜州境內，並非從唐前期沙州敦煌縣下的懸泉鄉升格而成。另外，該歷中還出現了一位常樂副使，則常樂也當設置為鎮。(2) 「二州六鎮」的出現時間，並非與九、十世紀之交的《布紙破用歷》一致；從「六鎮」到「八鎮」的演變時間，上限定在九世紀三〇年代後有些遲晚。(3) 土肥氏利用敦煌地志文書分別考證了八個鎮的地理位置，但瓜州境內的一些鎮的定位欠乎準確，仍有進一步討論的必要。

　　一九八二年，史葦湘在研究敦煌與莫高窟歷史時，曾提到曹氏歸義軍時期的「二州六鎮」、「二州八鎮」。他指出「六鎮」是指紫亭、懸泉、雍歸(即邑歸)、新城、石城、常樂鎮，並根據紫亭、常樂為縣、鎮並置而認為「此時的鎮即州以下之縣，所謂『紫亭縣令』、『常樂縣令』所管轄之地即紫亭鎮、常樂鎮」。[82]需要說明的有四點：(1) 史氏正確地指出了敦煌文獻中的「二州六鎮」與《宋會要輯稿》中的「二州八鎮」兩種說法，然惜未對曹氏後期的「二州八鎮」作進一步的考證。(2) 他說紫亭、常樂為鎮、縣並置，是正確的；但並非所有的鎮都是州以下之縣。在歸義軍時期，紫亭、常樂、壽昌是鎮、縣並置，而其他諸鎮則非縣。(3) 史氏所考的六個鎮，在歸義軍時期確實皆曾設鎮，但是否即曹氏歸義軍前期「二州六鎮」中的六鎮，尚有問題，詳見後論。(4) 首次揭出了隸屬於沙州的石城鎮，十分可貴，其稱「石城鎮，屬沙州，與新城鎮同為歸義軍與于闐往來的必經之地」，但將敦煌地志文書 S.367《沙州伊州地志》、P.5034《沙州地志》、《壽昌縣地境》及《新唐

82　史葦湘：《絲綢之路上的敦煌與莫高窟》，載《敦煌研究文集》，第90-92頁。

書》卷四三下《地理志七下》所記唐前期西域樓蘭地區與石城鎮並列的「新城」誤以為是歸義軍新城鎮。歸義軍時期確實出現了一個新城鎮，它設在瓜州東境，而不是在沙州通往于闐的途中。關於石城、新城二鎮，後文有論。

　　在一九八三年召開的中國敦煌吐魯番學會成立大會暨全國敦煌學術討論會上，黃盛璋提交了《沙州曹氏二州六鎮與八鎮考》一文，主要也是通過對 P.4640v《布紙破用歷》所載諸鎮之鎮使、副使、監使，兼參以鋼和泰藏敦煌本于闐文文獻《使河西記》，逐一考釋了曹氏歸義軍時期的「六鎮」，認為是指壽昌、常樂、懸泉、新城、子亭（即紫亭）、雍歸鎮；然後又根據其他敦煌文獻，復考得新設之會稽、玉門二鎮，共為「八鎮」。[83]需要指出的是：(1) 黃氏考證「六鎮」主要依據《布紙破用歷》，但其斷代有誤。他在正文中判斷「時代屬曹元忠」，又在注釋④中進一步説：「此文書有戊午年、已未至庚申年，最後有辛酉年，即建隆三年（960），屬曹元忠時代」，[84]這一斷代是有問題的。經學者們考證，此歷中出現的己未、庚申、辛酉年，應為晚唐光化二至

83　載《1983年全國敦煌學術討論會文集（文史・遺書編）》，上冊，第 269-281 頁。

84　黃文注④中錯誤頗多：第一，該歷記錄了己未至辛酉年間布、紙的破用情況，未及「戊午年」。布破歷首缺尾全，只具月日，而缺年份，抄在前面；紙破歷首全尾殘，保留了從己未到辛酉年的支出情況，抄在後面。黃氏大概是因為布破歷抄寫在紙破歷之前，故將其年份視為己未年之前的「戊午年」，其實應為辛酉年。第二，將「己」字誤寫作「已」。第三，把辛酉年定為建隆三年（960）是錯誤的，該辛酉年為九〇一年，下一個辛酉年為建隆二年（961）。

四年（899-901），屬張承奉時期。[85] (2) 把常樂視作六鎮之一，是可以接受的，但令人奇怪的是，不僅土肥義和未看到《布紙破用歷》中的「又支與懸泉鎮使曹子盈粗布壹匹」一語，而且黃盛璋也遺漏了這條材料，甚至還漏掉了該歷中三次提到的玉門鎮，包括玉門鎮使索通達、玉門副使張進達二人。難以理解的是，黃氏在文章最後的「附記」中提及他曾見到土肥氏為《講座敦煌》第二卷《敦煌的歷史》撰寫的關於「二州六鎮」與「二州八鎮」的研究成果，後者明明指出了「六鎮」中有玉門鎮，而黃氏卻將之遺漏，顯然不該，故其「六鎮」説亦因之不能成立。既如此，則他考證會稽、玉門二鎮為「八鎮」中所新設者，自然亦誤。(3) 將新城鎮與新鄉鎮視為一地，並認為「八鎮」中無新鄉鎮，亦誤。

一九八六年，黃盛璋在研究鋼和泰藏敦煌本于闐文《使河西記》時，對歸義軍所轄諸鎮再作考釋，其中包括 Sucanä（壽昌）、Sacū（沙州）、Ṡālahä（常樂）、Hvinatcvinä（懸泉）、Kvacū（瓜州）、Sinä se（新城）、Tcī-dyaimä（紫亭）、Ūnäkū（雍歸）、Kviyi-ye（會稽）、Gākämänä（玉門）等，除了沙、瓜二州之外，其餘八個皆屬歸義軍時期鎮的建制。他對這八鎮的地理位置也作了儘可能的考證，[86]具體在下節考述諸鎮時再談。

同年，盧向前對 P.4640v《布紙破用歷》進行了詳盡的考釋研究，

85　〔日〕池田溫：《中国古代籍帳研究——概観・録文——》，東京大学東洋文化研究所，1979 年，第 605 頁；〔日〕榎一雄編：《講座敦煌》第二卷《敦煌の歷史》V《帰義軍（唐後期・五代・宋初）時代》（土肥義和撰），第 245 頁；盧向前：《關於歸義軍時期一份布紙破用歷的研究——試釋伯四六四〇背面文書》，載《敦煌吐魯番文獻研究論集》第 3 輯，1986 年；陳國燦：《唐五代瓜沙歸義軍軍鎮的演變》，載《敦煌吐魯番文書初探二編》，第 564 頁。

86　黃盛璋：《于闐文〈使河西記〉的歷史地理研究》，載《敦煌學輯刊》1986 年第 2 期。

正確地鉤稽出了紫亭、雍歸、懸泉、新城、壽昌、玉門、常樂等七個鎮，並對其地理位置作了初步的考證，云：

> 文書中共出現七個鎮名、六個鎮使，其中壽昌鎮使有替代，而玉門鎮出現副使，紫亭鎮出現監使、副使。要注意的是常樂只出現副使而沒有出現鎮使，我很懷疑這常樂鎮使之職由常樂縣令所兼，先是安再寧，後來是氾唐彥。這樣說來，早在張承奉時期，歸義軍就至少有七個鎮的建制了。[87]

盧文的主旨是考釋該破用歷文書，而不是全面考證包括鎮制在內的歸義軍機構，但是他所考得的七個鎮，並且指出在張承奉時期就已至少有七鎮的建制，是個極其重要的觀點，它打破了長期以來學者們囿於「六鎮」、「八鎮」的認識，使歸義軍鎮制的研究不再侷限於曹氏時期，而往前推進到張氏時代。

一九九○年，陳國燦發表《唐五代瓜沙歸義軍軍鎮的演變》一文，站在更加宏觀的角度上，系統考察了從初唐以來到晚唐張氏歸義軍、五代宋初曹氏時期沙、瓜二州境內鎮的演變。黃盛璋曾說：「歸義軍節度使二州雖與唐同，但六鎮皆為新建」，[88]這一論斷為陳氏所不同意。後者考察後指出，在歸義軍之前「盛唐時的瓜、沙二州，就已設有西關、龍勒、紫亭、懸泉、雍歸、新鄉等六鎮，並非至歸義軍時期才新建」；當時六鎮的布局，沙州、瓜州各有三鎮，大多布設在二州的南

87　盧向前：《關於歸義軍時期一份布紙破用歷的研究——試釋伯四六四〇背面文書》，載《敦煌吐魯番文獻研究論集》第 3 輯，1986 年。

88　黃盛璋：《沙州曹氏二州六鎮與八鎮考》，載《1983 年全國敦煌學術討論會文集（文史‧遺書編）》，上冊，第 278 頁。

境，主要是防禦吐谷渾、吐蕃。到晚唐、五代、宋初歸義軍時期，由於吐蕃衰落、回鶻崛起，這種形勢迫使歸義軍對盛唐時期沙、瓜二州境內諸鎮的布局做出相應的調整，撤銷了原來的西關、龍勒、新鄉三鎮，保留了紫亭、懸泉、雍歸三鎮，新設了壽昌、新城、玉門三鎮，減少了西南面的鎮，增設了東境諸鎮，以加強東部邊境的防務，其目的是為了有效抵抗東鄰甘州回鶻。陳氏根據 P.3727v《後周廣順五年（955）正月都知兵馬使呂富延陰義進等上太保銜狀》中所載「有馬蹤多少騎，數來入會稽、新鄉、雍歸、新城管界」，認為新出現的會稽、新鄉二名，是曹氏歸義軍新增設的兩個鎮，加上以前的「六鎮」，遂成「八鎮」。他說：「六鎮增為八鎮，很可能發生在曹元忠掌權的最初十餘年，即西元九四四到九五五年間。」[89]陳氏對歸義軍鎮制的研究，是到目前為止最系統、最深入的成果，但是仍有幾點不足：(1) 他根據 P.4640v《布紙破用歷》所考得「六鎮」，為新城、紫亭、邕歸、懸泉、壽昌、玉門，而無常樂。他說：「在此件破用歷裡，常樂不屬軍鎮名，而屬縣編制，故有『常樂縣令氾唐彥』支布、『常樂縣令安再寧』支紙的記錄。雖出現有『常樂副使』，卻未提『鎮』字，或許為縣轄下之使。」將常樂副使理解為縣轄下之使，這一解釋恐怕未確。(2) 對張承奉時期新設立的石城鎮，陳氏未予提及。(3) 對榆林窟第二十五窟題記中的「隨從唐鎮使巡此聖蹟」一語，陳氏考釋曰：「所謂『唐鎮使』，當是唐歸義軍懸泉鎮遏使，惜未列名。……懸泉鎮使曹子盈，當即題記中所云唐鎮使。」該題記作於光化三年（900）十二月廿二日，屬於唐朝自然沒有疑問，但此處之「唐」並非朝代之名，而應是鎮使之姓；

89　陳國燦：《唐五代瓜沙歸義軍軍鎮的演變》，載《敦煌吐魯番文書初探二編》，第571頁。

據《布紙破用歷》記載，辛酉年（901）五月廿三日，「又支與懸泉鎮使曹子盈粗布壹匹」，曹子盈在九〇一年官任懸泉鎮使，則唐某出任鎮使是在曹子盈之前。(4) 還需指出的是，李永寧在翻譯土肥義和的《歸義軍（唐後期・五代・宋初）時代》時，將後者從《布紙破用歷》揭出的五鎮中的第一個鎮名「新城鎮」誤寫作「新鄉鎮」。[90] 這一錯誤導致了陳國燦以為自己的觀點跟土肥氏有異，他在文章開頭說道：「日本學者土肥義和氏在《歸義軍時期的敦煌》一文中又定六鎮為新鄉、邑歸、玉門、紫亭、壽昌、懸泉」；並且在正文中繼續說：「土肥氏、黃氏均將新城鎮與新鄉鎮等同，認為是一地，這是一種錯覺。」[91] 不僅熟悉西北史地的陳氏如此，連精於河西史地的李並成也同樣沿襲了李永寧譯文的這一錯誤。他在考察歸義軍新城鎮時，同意陳氏所考「六鎮」、「八鎮」的名稱，但他可能與陳氏一樣只看了李永寧的譯文，而未讀土肥氏的日文原稿，遂云：「土肥義和先生亦將新城、新鄉等同起來，則列新鄉而無新城。」[92] 其實，土肥義和與陳國燦對於「六鎮」、「八鎮」的看法是完全一致的，儘管這一觀點我認為並不準確。

為清晰起見，茲將以上諸家關於「六鎮」、「八鎮」的觀點列表於下（表2-1）：

90　〔日〕榎一雄編：《講座敦煌》第二卷《敦煌の歷史》Ⅴ《帰義軍（唐後期・五代・宋初）時代》（土肥義和撰），第 245 頁。〔日〕土肥義和著，李永寧譯《歸義軍時期（晚唐、五代、宋）的敦煌（一）》，載《敦煌研究》1986 年第 4 期。

91　陳國燦：《唐五代瓜沙歸義軍軍鎮的演變》，載《敦煌吐魯番文書初探二編》，第 555、566 頁。

92　李並成：《歸義軍新城鎮考》，載《北京圖書館刊》1997 年第 4 期。

研究者	六鎮		八鎮
向達	紫亭、雍歸、懸泉		
史葦湘	紫亭、雍歸、懸泉、新城、石城、常樂		
土肥義和	紫亭、邑歸、懸泉、新城、玉門、壽昌		加會稽、新鄉
陳國燦	紫亭、邑歸、懸泉、新城、玉門、壽昌		加會稽、新鄉
黃盛璋	子亭、雍歸、懸泉、新城、壽昌、常樂		加會稽、玉門
盧向前	紫亭、邑歸、懸泉、新城、玉門、壽昌、常樂		

▲ 表 2-1

　　由此可見，關於紫亭（子亭）、雍歸（邑歸）、懸泉三鎮，諸家看法相同，皆屬「六鎮」、「八鎮」建制之內，而「六鎮」中的其他三鎮及從「六鎮」到「八鎮」的演變，卻說法不一。前文已論黃盛璋觀點之謬；史葦湘漏列壽昌、玉門而多一石城，其所提出的石城鎮值得注

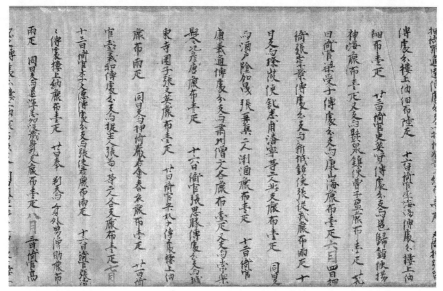

▲ 圖 2-1　P.4640v《唐己未至辛酉年（899-901）歸義軍軍資庫司布紙破用歷》（前部）

意；土肥義和與陳國燦的觀點本就一致，然而盧向前及史、黃二氏提出的常樂鎮，又使土肥與陳氏的結論遭到了質疑。

我認為，問題的關鍵在於：「二州六鎮」中的「六鎮」是否完全要依憑 P.4640v《唐己未至辛酉年（899-901）歸義軍軍資庫司布紙破用歷》所揭出的諸鎮？兩者的年代是否一致？（圖 2-1）

不可否認，這件《布紙破用歷》是一篇至關重要的文獻，因此也為諸家所關注並常相引用，其中記載到晚唐歸義軍張承奉時期的一些鎮的官員，今將之摘錄於下：

(1) 〔辛酉年五月〕十日，衙官趙閏子傳處分，支與新城人細布壹匹，又支與紫亭鎮使高神政細布壹匹。

(2) 廿三日，衙官史英賢傳處分，支與邑歸鎮使楊神海粗布壹匹，又支與懸泉鎮使曹子盈粗布壹匹。

(3) 六月四日，押衙張崇景傳處分，支與新城鎮使張從武粗布兩匹。

(4) 十二日，衙官康義通傳處分，又支與常樂縣令氾唐彥粗布壹匹。

(5) 〔己未年五月〕十日，衙官陰再盈傳處分，支與新城鎮使張從武細紙壹帖。

(6) 〔六月〕廿七日，衙官價（賈）福勝傳處〔分〕，支與邑歸鎮使楊神海細紙壹帖。

(7) 〔九月〕廿九日，支與邑歸鎮使楊神海細紙壹帖。

(8) 十月二日，衙官價（賈）福勝傳處分，支與壽昌鎮使研羅悉兵細紙壹帖。

(9) 十五日，押衙渾子集〔傳處分〕，支與新城鎮使張從武細紙壹

帖。

(10)〔十二月〕十五日，銜官張良義傳處分，支紫亭副使細紙壹帖。

(11)〔庚申年正月〕六日，銜官張慶子傳處分，支與邑歸鎮使楊神海細紙壹帖。

(12)九日，都押衙羅通達傳處分，支與新城鎮使張從武細紙壹帖。

(13)十二日，都押衙羅通達傳處分，支與常樂縣令安再寧細紙壹帖。

(14)〔三月〕五日，銜官梁受子傳處分，支與壽昌鎮使張義誠細紙壹帖。

(15)〔七月〕十七日，支與玉門鎮使索通達細紙壹帖。

(16)〔九月〕十一日，高加興傳處分，支與常樂副使細〔紙〕壹帖。

(17)十一月一日，都押衙羅通達傳處分，支與紫亭、壽昌鎮各細紙壹帖，又新城壹帖。

(18)〔辛酉年二月六日〕，又都押衙羅通達傳處分，支與常樂縣令安再寧細紙壹帖，又支與玉門副使張進達細紙壹帖。

(19)十九日，都押衙羅通達傳處分，支與玉門副使張進達細紙兩帖。

(20)廿二日，銜官石文信傳處分，支與紫亭鎮使高神政細紙兩帖。

(21)〔三月四日〕，同日，劉和信傳處分，支與邑歸鎮使楊神海細紙兩帖。

(22)十四日，高加興傳處分，支與紫亭監、副使二人各細紙壹帖。

由上可知，新城、紫亭、邕歸、懸泉、壽昌、玉門等六處明確記載設置了鎮，置鎮使、副使、監使以統之。另外，還出現了常樂縣令汜唐彥、安再寧和常樂副使。關於常樂是否置鎮，學術界爭議較大，前揭史、黃、盧三氏及鄭炳林認為常樂置鎮，屬縣、鎮並置；[93]而土肥、陳二氏卻認為常樂非鎮，後者指出常樂副使或許為縣轄下之使。然而在該歷中，除了常樂副使之外，還出現了紫亭副使及玉門副使張進達，顯然為鎮之副使，因此很難用「或許為縣轄下之使」來解釋常樂副使。盧向前對文書中的「常樂」直接注曰：「常樂：即常樂鎮」，他懷疑常樂鎮使之職是由常樂縣令所兼，並說早在張承奉時期歸義軍就至少有七個鎮的建制。[94]又，P.2814《後唐天成三年（928）二月都頭知懸泉鎮遏使安進通狀》之第三件記載，懸泉鎮遏使安進通發現有敵情，遂將「消息星夜便令申報上州，兼當日差人走報常樂、瓜州，兩鎮收什（拾）人口、群牧，警備堤防訖」。所謂「兩鎮」，即指懸泉、常樂二鎮，這可為常樂置鎮添一有力的證據。因此筆者認為，曹氏歸義軍前期的「二州六鎮」確實包含了常樂鎮。[95]

尤需指出的是，除了盧向前外，其他學者皆先束縛於「二州六鎮」之說，一定要從《布紙破用歷》中找出六個鎮，以符合「六鎮」所需之數。這種先入為主、對號入座甚至削足適履的研究法，其實忽略了兩者的時代相異性。

93　鄭炳林：《晚唐五代敦煌歸義軍行政區劃制度研究（之二）》，載《敦煌研究》2002年第3期。

94　盧向前：《關於歸義軍時期一份布紙破用歷的研究——試釋伯四六四〇背面文書》，載《敦煌吐魯番文獻研究論集》第3輯，1986年。

95　P.3644《類書習字》中有「瓜州刺使（史）慕容歸盈、懸泉鎮遏使、常樂縣令、壽昌縣令張信盈、南紫亭鎮遏使」。這裡對州、縣、鎮的建制表述得非常清楚，但常樂、壽昌為縣、鎮並置，故此只稱縣令。

據前所考，在九二四年歸義軍節度使曹議金上給後唐莊宗的 S.4276
《管內三軍百姓奏請表》中已經出現了「二州六鎮」一詞，這反映了五
代曹氏歸義軍前期的統轄區域。那麼，晚唐張氏歸義軍及金山國時期
是否就已經出現了「二州六鎮」呢？我以為未必。

在張氏歸義軍前期，轄領沙、瓜、肅、甘、涼、伊六州之地，既
不合「二州」之説，而所設鎮數雖難詳考，但也遠非「六鎮」。到張承
奉時，雖然伊、涼、甘、肅四州皆已丟失，疆域僅轄沙、瓜「二州」，
但據前揭《布紙破用歷》可知，在張承奉統治的八九九至九〇一年間，
歸義軍至少設立了七個鎮。而且，張承奉派遣宰相羅通達率軍西伐樓
蘭，獲勝之後在那裡又恢復了唐朝的石城鎮，[96] S.289v《宋李存惠殯銘
抄》記載其父「皇考歸義軍節度都頭、攝石城鎮遏使、銀青光祿大夫、
檢校左散騎常侍、上騎都尉諱安」。如此則張承奉時期歸義軍一度統有
新城、紫亭、雍歸、懸泉、壽昌、玉門、常樂、石城等八個鎮，這表
明「二州六鎮」一詞在當時尚未出現。還需指出的是，張承奉為了抵
禦東面勢力日益強大的甘州回鶻，又將玉門鎮升格為玉門軍。關於此
點，後文再論。P.3633《辛未年（911）七月沙州百姓一萬人上回鶻天
可汗狀》提到「沿路州鎮」，鎮與州相併提，亦可見鎮在西漢金山國地
位的重要性。

到曹氏歸義軍初期，在沙、瓜二州境內，原先張承奉統治時期的
八個鎮，由於玉門鎮已升格為軍，石城鎮也在這時很快丟失，遂減至
新城、紫亭、雍歸、懸泉、壽昌、常樂六鎮，構成了「二州六鎮」的
規模。到曹元忠時期，又新設新鄉、會稽二鎮，使「六鎮」演變為「八

96　鄭炳林：《唐五代敦煌金山國征伐樓蘭史事考》，載敦煌研究院編《段文杰敦煌研究
　　五十年紀念文集》，世界圖書出版公司北京公司 1996 年版，第 403-415 頁。

鎮」，乃成「二州八鎮」。[97]

三、歸義軍諸鎮考述

　　以上所討論的是曹氏時期的「二州六鎮」與「二州八鎮」，尚非整個歸義軍時期管內設置所有的鎮。晚唐宣宗大中二年（848），張議潮在敦煌起事，驅逐吐蕃守將，一舉收復沙、瓜二州；三年又收復肅、甘二州，四年收復伊州。到大中五年，唐朝先任命張議潮為沙州防禦使，旋升為瓜沙伊等州節度使，後又賜號歸義軍。[98]唐懿宗咸通二年（861），張議潮率軍攻克涼州，[99]最終統一了河西道。在張氏歸義軍統治前期，其疆域「西盡伊吾，東接靈武，得地四千餘里，戶口百萬之家，六郡山河，宛然而舊」。[100]在如此遼遠的地域內，歸義軍設置了六個州以及許多縣、鎮。但由於敦煌文獻的闕載，除了沙、瓜二州之外，張氏前期的肅、甘、涼、伊等四州境內設置鎮的情況大多不明。鄭炳林在研究歸義軍地方行政區劃制度時，在討論縣的同時也談到了鎮，他

97　2015 年 9 月 26 日，大阪大學舉行「出土文字資料と現地調查による河西迴廊オアシス地域の歷史的構造」工作坊會議，坂尻彰宏宣讀了論文《景観‧遺跡からみた敦煌オアシス地域の歷史的構造──十世紀前後の「二州八鎮」を中心に──》，將歸義軍二州八鎮作了分類，分為主綠洲、次綠洲、防禦山地攻擊型綠洲、交通據點型綠洲四類，並且探討了它們的職能。

98　馮培紅：《敦煌的歸義軍時代》第二章「歸義軍及其名稱的變化」，第 43-57 頁。

99　S.6342 +Дх. 5474v《唐咸通十一或十二年（870 或 871）九月五日瓜沙節度使張議潮奏表並十月三日唐廷批答》記載張議潮奏：「咸通二年（861）收涼州。」關於這兩件英藏、俄藏敦煌文獻的拼接綴合，參鄭炳林《敦煌寫本〈張議潮處置涼州進表〉拼接綴合與歸義軍對涼州的管理》，載《敦煌吐魯番研究》第 7 卷，中華書局 2004 年版，第 381-389 頁。

100　《張淮深碑》，參榮新江《敦煌寫本〈敕河西節度兵部尚書張公德政之碑〉校考》，載《歸義軍史研究》，第 401 頁。

指出：

> 沙州之敦煌縣、瓜州之晉昌縣、甘州之張掖縣、肅州之酒泉縣及涼州之姑臧縣等，皆是附郭縣，在這些附郭縣裡都沒有設置鎮。而附郭縣之外的其他縣，基本上都設有鎮，像沙州管轄的壽昌縣和後來設置的紫亭縣，瓜州管轄的常樂縣，肅州管轄的玉門縣，甘州管轄的山丹縣，涼州管轄的番禾縣、神鳥縣等，都設置著鎮。其他如嘉麟縣、昌松縣、天寶縣、福祿縣及後來設置的振武縣等設鎮情況不明，是敦煌文獻缺載。由此我們可以得出結論，在歸義軍時期除了附郭縣不設鎮之外，一般的縣都設鎮，以適應當時歸義軍政權經常與其他少數民族進行戰爭的實際情況。[101]

如其所言，非附郭縣置鎮是個比較普遍的現象。這一結論對於探討張氏歸義軍前期沙、瓜二州以外其他地區鎮的設置，特別是因敦煌文獻闕載而不甚明了的情況下，有著重要的啟示。下面，我依據敦煌文獻的有關記載，仍以沙、瓜二州為中心，對歸義軍時期境內所置諸鎮逐一進行考述。

（一）沙州三鎮

歸義軍時期，沙州先轄敦煌、壽昌二縣，後來又增設紫亭縣，並置壽昌、紫亭、石城三鎮，其中壽昌、紫亭屬縣、鎮並置，同治一地。這三個鎮都分布在沙州的西南部，其職責顯然就是為了保衛歸義軍西南邊境的安全。

---

101 鄭炳林：《晚唐五代敦煌歸義軍行政區劃制度研究（之二）》，載《敦煌研究》2002年第3期。

1. 壽昌鎮

S.788V《沙州地志》詳細記述了壽昌的建制沿革：「壽昌縣：下。東北去州一百廿里，公廨二百九十五千，戶三百五十九，鄉一。右漢龍勒縣，正光六年（525）改為壽昌郡，武德二年（619）為壽昌縣，永徽六（元）年（650）廢，乾封二年（667）復改為壽昌置（縣），建中（780—783）初陷吐蕃，大中二年（848）張議潮收復。」[102]敦煌寫本《壽昌縣地境》記有「鎮二：龍勒、西關」，並稱「已前城鎮並落土番，亦是胡戎之地也」，[103]可知該寫本所記龍勒、西關二鎮是唐前期壽昌縣境內的兩個鎮，西關鎮當即「西壽昌城，縣西北〔廿〕五里」，龍勒鎮則設於壽昌縣城內。[104]

到晚唐、五代、宋初歸義軍時期，沙州最初下轄敦煌、壽昌二縣，壽昌為非附郭縣，實行鎮、縣並置，壽昌鎮就是原龍勒鎮改名而來，位於沙州城西南一百二十里、今敦煌市陽關鎮附近的壽昌城遺址（圖 2-2）。上揭 P.4640v《布紙破用歷》凡三次提到壽昌鎮，從中可知，己未年（899）十月二日，研羅悉兵正擔任壽昌鎮使；到庚申年（900）三月五日，已由張義誠替任其職。

及至曹延祿時期，S.4453《宋淳化二年（991）十月八日歸義軍節度使曹延祿下壽昌都頭張犖羅贊副使翟哈丹等帖》云：

---

102 「六」、「置」二字，據敦煌寫本《壽昌縣地境》、《新唐書》卷四〇《地理志四》可知為「元」、「縣」。前者參向達《唐代長安與西域文明》之《記敦煌石室出晉天福十年寫本〈壽昌縣地境〉》，第 432 頁。

103 向達：《唐代長安與西域文明》之《記敦煌石室出晉天福十年寫本〈壽昌縣地境〉》，第 432 頁；李正宇：《古本敦煌鄉土志八種箋證》，甘肅人民出版社 2008 年版，第 321-322 頁。

104 陳國燦：《唐五代瓜沙歸義軍軍鎮的演變》，載《敦煌吐魯番文書初探二編》，第 556-559 頁。

▲ 圖2-2　壽昌城故址

　　使帖壽昌都頭張孽羅贊、副使瞿哈丹等。

　　右奉處分，今者官中車牛載白檉去，令都知、將頭隨車防援，急
疾到縣日，准舊看侍，設樂，支供糧料。其都知安永成一人，准親事
例，給料看侍。又車牛蹹料並莊客，亦依舊例，偏支兵馬羊壹口、酒
壹瓮、麨伍斗，仍仰准此指揮者。

　　淳化二年十月八日帖。

　　使（鳥形押）。

考慮到壽昌實行鎮、縣並置，鎮使、縣令或由一人兼任，則壽昌都頭
張孽羅贊即為壽昌縣令、兼鎮使。歸義軍節度使經常以都頭、押衙外

遺兼任鎮使，[105]以加強對地方軍事的控制，此點在下文經常可見。翟哈丹為壽昌鎮副使，Дx. 1451《癸酉至己卯年曹亦胡等還、便黃麻歷》提到「◻鎮使便黃麻壹石」，或即其人。

P.3835v《戊寅年（978）五月十日歸義軍節度使曹延祿下壽昌鎮帖》首行殘損嚴重，但「壽」字據殘存筆畫似可識讀，坂尻彰宏錄作「使◻◻◻◻副使、監使、都◻」，[106]可知除了鎮使之外，還設有副使、監使及都衙。該帖敘述紫亭家來報告，八日南山賊寇搶劫紫亭鎮的官私群牧，十日節度使曹延祿命令壽昌鎮收拾群牧、嚴把道路、牢守城池，同時派人去安撫南山賊寇。這是因為壽昌與紫亭兩鎮鄰近，經常協同防守南山之故。

2. 紫亭鎮

紫亭鎮，又作子亭鎮，至遲到宋初曹氏後期，紫亭又設為縣，成為鎮、縣並治一地的「縣鎮」。

據 S.367《沙州伊州地志》記載，沙州「西南有紫亭山，去州一百九十里，其山石皆紫色，復名紫亭」。P.5034《沙州地志》亦云：「西子亭山。右在縣西南一百九十八里，東接龍勒山，西經樊石戌，西出連延，接石城鎮南山。漢開鄯〔善〕南路，因山置亭，其山石紫色，故號紫亭。時人語訛，名曰子亭。」紫亭山、西紫亭山屬於祁連山系的西端山脈，這一帶是敦煌通往青藏高原與西域南道的交通要衝，所以從漢代起就在此地設置亭障。到西涼時，李暠「築城於敦煌南子亭，

---

105 參馮培紅：《晚唐五代藩鎮幕職的兼官現象與階官化述論——以敦煌資料、石刻碑誌為中心（上）》，載《敦煌學研究》2006 年第 2 期。

106 Sakajiri Akihiro，「An Order of the Governor-General of *Guiyijun* about an Attack of Upland Nomads： P.3835 v7 」，*Dunhuang Studies*：*Prospects and Problems for the Coming Second Century of Research* (ed. by Irina Popova and Liu Yi)，St. Petersburg： Institute of Oriental Manuscripts，Russian Academy of Sciences，2012，pp.217 221。

以威南虜」。[107]唐代在紫亭設鎮,敦煌出土的 P.2625《敦煌名族志》記
陰仁干為「唐任昭武校尉、沙州子亭鎮將、上柱國」,吐魯番出土的
72TAM188:1《大唐沙州子亭鎮將張公夫人金城麴氏墓誌銘並序》亦
載張公為昭武校尉、沙州子亭鎮將。[108] P.2005《唐沙州都督府圖經卷第
三》記載今名黨河的甘泉水流經子亭鎮,學界認為紫亭鎮位於黨河出
野馬山口的黨城灣,即今肅北蒙古族自治縣城東南四里的黨城遺址(圖
2-3)[109],但今已遺跡無存。[110]

　　晚唐歸義軍張氏時期,為防範南部和西南邊境的少數民族,保障
絲路南道的暢通,也沿襲唐制設置了紫亭鎮。P.4640v《布紙破用歷》
凡五次提到紫亭鎮,據該歷可知,辛酉年(901)二月至五月,高神政
擔任紫亭鎮使,另有副使、監使各一人。之後,張良鎮出鎮紫亭。
P.3718《唐河西節度押衙知應管內外都牢城使張良真生前寫真贊並序》
記他先任敦煌鄉官,續云:

　　金山王時,光榮充紫亭鎮主。一從蒞任,獨靜邊方。人皆贊舜日
之歡,野老嘆堯年之慶。三餘無暇,奉國輸勞。是時西戎起萬里之

107 《晉書》卷八七《涼武昭王李玄盛傳》,第 2263 頁。

108 侯燦、吳美琳:《吐魯番出土磚志集注》,巴蜀書社 2003 年版,下冊,第 628-629 頁。

109 向達:《唐代長安與西域文明》之《記敦煌石室出晉天福十年寫本〈壽昌縣地境〉》,
　　第 426-427 頁;黃盛璋:《沙州曹氏二州六鎮與八鎮考》,載《1983 年全國敦煌學術討
　　論會文集(文史‧遺書編)》,上冊,第 275 頁;陳國燦:《唐五代瓜沙歸義軍軍鎮的
　　演變》,載《敦煌吐魯番文書初探二編》,第 559 頁;李並成:《歸義軍新城鎮考》,
　　載《北京圖書館館刊》1997 年第 4 期。

110 郭大民《肅北黨河、黨城、黨城灣歷史淺考》(載《酒泉文史》第 5 輯,2006 年,第
　　178-179 頁)說,一九六一年九月初,他與幾位同事遊覽黨城,當時城堡基本完整,
　　呈長方形,夯土板築,東、西牆長二三一米,南、北牆長一四四點五米,牆高四米左
　　右,坐南向北。但六〇年代,黨城城堡被作為該地生產隊的蔬菜生產基地,到六〇年
　　代後期至七〇年代初,城垣被陸續拆除,今已蕩然無存。

▲ 圖 2-3　黨城故址

危，域士隘千重之險。君主慍色，直欲自伐貔徒。賢臣匡諫而從依，
乃選謀師而討掠。關山迢滯，皆迷古境長途；暗磧鳴砂，俱惑賢阡卉
陌。公則權機決勝，獲收樓蘭三城。宕㵎雄番，穎脫囊錐，此日仍充
應管內外都牢城使。……偏優鎮將，二八餘年。調風易俗，堅守陲
邊。雄戎起霧，杜路西天。金王跬切，選將百千。甲兵之內，公獨沖
先。不逾晦朔，破收攻圓。虜降蕃相，金玉來川。

張良真又見於上引《布紙破用歷》：辛酉年（901）三月「十一日，支
與于闐使押衙張良真畫紙壹帖」，奉命出使于闐。P.2803《押衙張良真
狀》云：「押衙張良真，先伏蒙長使（史），充璨毗界內使」，璨毗即璨

微、撢微、璟微、撢微、薩毗，[111]位於石城鎮東南四百八十里，是敦煌西通于闐的必經通道。九〇一年張良真作為于闐使奉命出使，就是因為他曾經出使璟毗，對絲路南道較為熟悉之故。九〇九年西漢金山國建立後，張承奉發動對樓蘭的戰爭。紫亭鎮作為敦煌南部及向西通往西域的邊陲重鎮，鎮使張良真身先士卒，率軍作戰，一舉收復樓蘭三城，俘虜了蕃相，並因此功而升遷為都牢城使。

曹氏時期，盤踞在絲路南道及祁連山地區的南山部族經常侵犯歸義軍邊境，劫持歸義軍通往于闐的使節。紫亭鎮使的職守主要是防禦南山侵擾，扼守絲路南道，保證歸義軍與于闐交往的順利暢通。P.3835v《戊寅年（978）五月十日歸義軍節度使曹延祿下壽昌鎮帖》云：「今月十日□□（紫）亭家報來言迶：八日夜，紫亭□（鎮）城南山作賊下，有官私群牧內，蒙打將羊三群」，[112]就是南山劫掠紫亭鎮羊群的例證。

P.3556《慶德邈真贊並序》記載他先任將頭，「後遷紫亭鎮將，數年而控扼南番」，贊詞中亦曰「後居南鎮，控扼邊疆」。慶德出任紫亭鎮使，時間當在曹氏初期。又，P.2482《晉故河西應管內外諸司馬步軍都指揮使羅盈達邈真贊並序》記載他先任將頭、步軍都知兵馬使等職，之後鎮守「紫亭貴鎮，葺理邊城。撫育疲徒，如同父母。……注持雄鎮，撫育孤危」。羅盈達是曹氏歸義軍首任節度使曹議金的妹夫，活動於曹氏前期。S.286《沙州某寺諸色斛斗入歷》中兩次提到羅鎮使：

---

111 參張小豔：《敦煌社會經濟文獻詞語論考》，上海人民出版社 2013 年版，第 231-236 頁。

112 Sakajiri Akihiro, "An Order of the Governor-General of *Guiyijun* about an Attack of Upland Nomads: P.3835 v7", *Dunhuang Studies*：*Prospects and Problems for the Coming Second Century of Research*，p.217。

「麥三石，於羅鎮使施入」；「粟十石，羅鎮使施人」，郝春文根據此件中的寺主明戒、明信與張法律等人名又見於P.4004+S.4706+P.3067+P.4908《庚子年（940）後報恩寺交割常住什物點檢歷》，判定其時代當在十世紀中葉。[113]如此，則此位羅鎮使當為羅盈達無疑。

曹氏後期，慕容保實出任紫亭鎮使，榆林窟第十二窟洞口第二身供養人畫像題記云：「……〔紫〕亭鎮遏使、銀青□□大夫、檢校散騎常侍保實……」，[114]同窟中還有保實的曾祖父瓜州刺史、兼墨厘軍使慕容歸盈及其曹氏夫人的畫像，則保實官任紫亭鎮使當在曹氏後期。P.2032v《後晉時代淨土寺諸色人破歷算會稿》在「麻三石，廣進手上入木用」的後三字旁邊注有「將慕容鎮使」五字，另外又記「豆六斗，慕容鎮使木價用」；P.3763v《粟麥破除歷及布施帳等》亦云：「慕容鎮使木價用。」不知這位從事木材貿易的慕容鎮使是否即慕容保實？

此外，歸義軍時期還有一位姓鄧的紫亭鎮使，莫高窟第三九〇窟北壁西向第十四身供養人畫像題記云：「節度押衙、銀青光祿大夫、檢校□（國）子□（祭）酒、守□（紫）□（亭）鎮遏使鄧□□」，[115]鄧鎮使的名字、任職時間有待考證。

上揭《布紙破用歷》記載紫亭鎮除鎮使外還有副使、監使。鎮置副使，史籍頗明；監使亦見於唐制：「天下軍、鎮、節度使，皆內官一

113 郝春文：《英藏敦煌社會歷史文獻釋錄》第1卷，科學出版社2001年版，第428-430頁。

114 謝稚柳：《敦煌藝術敘錄》，第448頁。

115 敦煌研究院編：《敦煌莫高窟供養人題記》，第150頁。

人監之。」[116]唐五代時期，宦官外任節度監軍使頗為常見，而出任鎮監使則極少。五代、宋初歸義軍所轄之紫亭、常樂、懸泉、新鄉等鎮則皆設有監使，這在敦煌文獻與石窟題記中均有記載，為了解鎮監使制度提了極佳的材料。S.8445+S.8468 +S.8446《丙午年二月十九日稅巳年出羊人名目》、《丙午年二月廿四日副使陳保定監使王速略不奉官格罰羊數》中有「副使陳保定」、「監使王速略」，S.8448A《辛亥年正月廿七日紫亭羊數名目》除了提到「王鎮使」外，還有紫亭鎮「監使」，則副使陳保定、監使王速略應為紫亭鎮的副使與監使。需要説明的是，歸義軍所轄諸鎮之監使，當非由宦官擔任。[117]

另外，紫亭鎮還設置了都遊奕使，今肅北蒙古族自治縣一個廟石窟有供養人畫像題記云：「社子散兵馬使、知本鎮都遊奕使王左□羅單一心供養。」[118]一個廟石窟位於肅北縣城北約二十四里的黨河東岸吊吊水溝的懸崖上，屬於紫亭鎮的管轄區域，王左□羅單應為紫亭鎮都遊奕使，負責偵察該鎮四界的敵情。

還有一點必須指出，至遲在曹氏晚期，歸義軍設立了紫亭縣，實行鎮、縣並置。紫亭不僅是軍事上的「邊城」、「雄鎮」，而且位於祁連

---

116 《舊唐書》卷四四《職官志三》「內侍省」條小字注，第 1870 頁。〔日〕日野開三郎：《唐代藩鎮の跋扈と鎮將》（載《日野開三郎東洋史学論集》第一卷《唐代藩鎮の支配體制》第二部《團結兵‧鎮將と藩鎮体制》之五「唐代藩鎮の跋扈と鎮將」，第 375 頁）在考察唐代藩鎮縣治所設鎮將時，曾揭出富平鎮監軍、朝議郎、內侍省掖庭局監作、上柱國朱士俯（見王昶：《金石萃編》卷一〇七《朱孝誠碑》，陝西人民美術出版社 1990 年版，第 2 冊，第 7 頁）、同官鎮監軍王文干（見《全唐文》卷七六四趙造《中大夫內侍省內給事員外置同正員上柱國賜緋魚袋王文干墓誌銘並序》，第 8 冊，第 7939 頁。日野氏將墓誌銘的作者「趙造」誤寫作「李商隱」）二例，均是宦官外任之監軍的例證。

117 相關的研究可參坂尻彰宏《敦煌稅羊文書考》，《待兼山論叢》第 37 號《史學篇》，2003 年，第 1-23 頁。

118 孫修身：《肅北縣一個廟石窟考察簡記》，載《敦煌研究》1986 年第 2 期。

山下黨河流域，綠洲環境甚佳，農牧業都極為發達，所以歸義軍又將紫亭設置為縣。莫高窟第四三一窟窟簷後梁上有紅底墨書的題記云：「□（窟）主節度內親從、知紫亭縣令、兼衙前都押衙、銀青光祿大夫、檢校刑部尚書、兼御史大夫、上柱國閻員清」，[119]窟簷前梁有節度使曹延祿的題記，可證至遲在曹氏後期紫亭又設為縣，屬縣、鎮並置。從閻員清所帶使職（衙前都押衙）、檢校官（刑部尚書）、兼官（御史大夫）來看，地位與級別甚高，也反映了紫亭縣、鎮地位之重要。

3. 石城鎮

石城鎮在唐初就已設置，《元和郡縣圖志》卷四〇「沙州」條記載「八到」云：「東南至上都三千七百里，東南至東都四千五百六十里，東至瓜州三百里，西至石城鎮一千五百里，西至吐蕃界三百里，北至伊州七百里」，[120]可見唐前期沙州的管轄範圍西至石城鎮。S.367《沙州伊州地志》云：「石城鎮，東去沙州一千五百八十里，去上都六千一百里。本漢樓蘭國。……隋置鄯善鎮。隋亂，其城遂廢。貞觀（627-649）中，康國大首領康豔典東來，居此城，胡人隨之，因成聚落，亦曰典合城。其城四面皆是沙磧。上元二年（675）改為石城鎮，隸沙州。」由此可知，石城鎮即漢代樓蘭國都，隋置鄯善鎮，唐貞觀時粟特康國首領康豔典率領部落來居此城，故名典合城。到上元二年，始置石城鎮，康豔典被任命為鎮使。《新唐書》卷四三下《地理志七下》云：「又一路自沙州壽昌縣西十里至陽關故城，又西至蒲昌海南岸千里。自蒲昌海南岸，西經七屯城，漢伊修城也。又西八十里至石城鎮，漢樓蘭國也，亦名鄯善，在蒲昌海南三百里，康豔典為鎮使以通西域者。」

---

119 敦煌研究院編：《敦煌莫高窟供養人題記》，第165頁。

120 李吉甫：《元和郡縣圖志》卷四〇《隴右道下》「沙州」條，下冊，第1026頁。

P.2005《唐沙州都督府圖經卷第三》「蒲昌海五色」條云：「右大周天授二年（691）臘月，得石城鎮將康拂耽延弟地舍撥狀」，沙州刺史李無虧作為祥瑞上表給武則天。由此可知，直到武則天時期，石城鎮仍為粟特人的聚落，由康氏家族所控制。上揭《沙州伊州地志》說：「蒲昌海，在石城鎮東北三百廿里。」蒲昌海即今羅布泊，石城鎮位於羅布泊西南三百二十里處，東去沙州一千五百八十里。又稱「以前城鎮並陷吐蕃」，即中唐時石城鎮等西域地區為吐蕃所占領。該地志末題：「光啟元年（885）十二月廿五日，張大慶因靈州安尉（慰）使嗣大夫等來至州，於嗣使邊寫得此文書。」張大慶曾作為參謀，勸說節度使張淮深不要出兵西征西桐海畔的回鶻人，[121]可見包括石城鎮在內的西域地區，直到八八五年年底仍不為歸義軍所有。

張承奉時期，歸義軍勢力僅轄沙、瓜二州之地，疆域狹小。為了恢復昔時六州之地的廣闊疆土，張承奉東西征戰，妄圖建立一個「東取河蘭廣武城，西取天山瀚海軍，北掃燕然□嶺鎮，南當戎羌邏莎平」的龐大政權。[122]九〇九年，歸義軍節度使張承奉搖身一變，建立了西漢金山國，隨後發動了對樓蘭地區的戰爭。S.4654《唐故歸義軍節度衙前都押衙充內外排陣使羅通達邈真贊並序》云：「洎金山王西登九五，公乃倍位臺階。英高國相之班，寵獎股肱之美。遂乃于闐路阻，撲微艱危。驍雄點一千精兵，公以權兩旬便至。於是機宣韓白，謀運張陳。天祐助盈，神軍佐勝。指青蛇未出於匣，蕃丑生降；表白虎才已臨旗，戎虺伏死。彎一擊全，地收兩城。回劍征西，伊吾彌掃。」張承奉時期與西域絲路南道上的于闐、撲微等政權關係密切，他建國稱帝

121 馮培紅：《唐五代參謀考略》，載《復旦學報》2013年第6期。
122 P.3633v《龍泉神劍歌》。參馮培紅《敦煌的歸義軍時代》，第208頁。

後，派遣宰相羅通達為統帥，以紫亭鎮使張良真（曾經出使揲微與于闐）、鄉官閻子悅為戰將，率領一千精兵出征樓蘭，目的就是為了打通通往于闐的絲路南道，拯救揲微政權。[123] P.2594v + P.2864v《白雀歌並進表》云：「樓蘭獻捷千人喜，敕賜紅袍與上功」，就是說西漢金山國對樓蘭的戰爭取得了勝利。

樓蘭大捷之後，西漢金山國在這裡恢復了唐朝的石城鎮建制，仍隸於沙州。S.289v《李存惠殯銘抄》記載曾祖父瓜州刺史李弘定、祖父管內都計使李紹丘之後提到：

皇考歸義軍節度都頭、攝石城鎮遏使、銀青光祿大夫、檢校左散騎常侍、上騎都尉諱安。

從銘文可知，李安的祖父李弘定曾任墨厘軍事守瓜州刺史，事在八九四年頃，李安之子李存惠卒於太平興國五年（980）正月廿六日，則可推測李安擔任節度都頭、攝石城鎮遏使約在曹氏歸義軍前期。曹氏統治石城鎮，自然是對西漢金山國奪得樓蘭的繼續統治。但是不

---

123 馮培紅：《敦煌的歸義軍時代》第六章第三節之「樓蘭之捷與結親于闐」，第 209-218 頁。

久，歸義軍又丟失了石城鎮，使之淪入仲雲人之手。[124]敦煌出土的于闐文 P.2790v《于闐使臣奏稿》中說：「您為了仲雲人（被南山人所消滅和取代）的利益而下的命令」，[125]可知仲雲又為南山所滅，[126]石城一帶成了南山政權的統治區域。

（二）瓜州七鎮

1. 常樂鎮

歸義軍時期，瓜州轄晉昌、常樂二縣，置常樂、懸泉、雍歸、新城、新鄉、會稽、玉門七鎮，其中常樂為「縣鎮」，實行鎮、縣並置，同治一地。

《元和郡縣圖志》卷四〇「瓜州」條云：「常樂縣：中下。東至州一

---

124 《新五代史》卷七四《四夷附錄三》「于闐」條記載，五代後晉使者張匡鄴、高居誨等出使于闐，路過沙州，「沙州西曰仲雲，其牙帳居胡盧磧。云仲雲者，小月支之遺種也，其人勇而好戰，瓜、沙之人皆憚之。……匡鄴等西行入仲雲界，至大屯城，仲雲遣宰相四人、都督三十七人候晉使者，匡鄴等以詔書慰諭之，皆東向拜」，第 918 頁。據 S.367《沙州伊州地志》記載，石城鎮在屯城之東一百八十里，可知到曹元德、曹元深時期，石城鎮早已為仲雲人所占。關於仲雲，中外學者討論頗多，如：〔日〕榎一雄《仲雲族の牙帳の所在地について》，載鈴木俊教授還曆記念會編《鈴木俊教授還曆記念東洋史論叢》，鈴木俊教授還曆記念會，1964 年，第 89-102 頁；哈密屯：《仲雲考》，載鄭炳林主編、耿昇譯《法國西域史學精粹》，甘肅人民出版社 2011 年版，第 1 冊，第 265-290 頁；黃文弼：《西北史地論叢》之《古樓蘭國歷史及其在西域交通上之地位》，上海人民出版社 1981 年版，第 190-191 頁；郭鋒：《略論敦煌歸義軍時期仲雲人物的族屬諸問題》，載《蘭州大學學報》1988 年第 1 期；錢伯泉：《仲雲族始末考述》，載《西北民族研究》1989 年第 1 期。

125 貝利英譯原文為：「As to the command which you orderd on behalf of the Cimudas（deleted and replaced by Nam-śans）」，　見 H. W. Bailey,「Srī Viśa' Śūra and the Ta-Uang」，*Asia Major*，new series，vol. XI-1，1964. 又參 H. W. Bailey, *Khotanese Texts*，vol. II，Cambridge University Press，1969，p.113。

126 黃盛璋：《敦煌于闐文 P.2741、ch. 00296、P.2790 文書疏證》（載《西北民族研究》1989 年第 2 期）在譯英為漢時譯作「仲雲（一名南山人）」，把仲雲等同於南山，歪曲了貝利的原意。

百一十五里。……隋於此置常樂鎮，武德五年（622）置常樂縣也。」[127]
P.2691《沙州城土鏡》亦云：「常樂縣，東去瓜州一百十五里。」常樂
縣位於唐代瓜州城（治今瓜州縣鎖陽城遺址）西一百一十五里處，李
並成調查考證在今瓜州縣南岔鎮六工村之六工破城。[128]常樂為「縣
鎮」，鎮、縣同治一地，故常樂鎮亦駐於此地。P.2005《唐沙州都督府
圖經卷第三》「苦水」條云：「直西流至瓜州城北十餘里，西南流一百
廿里至瓜州常樂縣南山南，號為苦水。又西行卅里入沙州東界故魚泉
驛南，西北流十五里入常樂山」，可知常樂縣、鎮是苦水流域的一塊綠
洲，處在沙、瓜二州的交界地區。

　　歸義軍張承奉時期，P.4640v《布紙破用歷》記載常樂縣令氾唐彥、
安再寧和常樂副使，氾、安二人應兼任常樂鎮使，這與前文所説壽昌
都頭張孳羅贊為縣令兼鎮使、翟哈丹為壽昌鎮副使，是同樣的道理。

　　P.2482v《某年八月二日常樂副使田員宗啟》是常樂鎮副使田員宗
向歸義軍節度使報告本鎮發生南山劫掠事件，常樂與鄰鎮懸泉共同出
兵追蹤敵人之事，啟文云：

　　員宗啟。

　　右今月一日巳時，於山南賊下。龍家史訥羅見賊，告來稱說，賊
寇極多。當便城下告報，收什（拾）官馬群及畜牧、人口入城。後齊
遂（隨）兵馬至到山南下磧，便見賊蹤壹拾捌騎，腳下煞小牛參頭。
又向西陳（塵）土校（較）多，馬軍及步人應接田頭人口及畜牧，行
得二里地，當道煞卻龍家一人，兼馬將去。直到西頭，見收田百姓及

127　李吉甫：《元和郡縣圖志》卷四〇《隴右道下》「瓜州」條，下冊，第1028頁。
128　李並成：《唐代瓜州（晉昌郡）治所及其有關城址的調查與考證》，載《敦煌研究》
　　　1990年第3期。

小男兼畜牧，並總收得。聞他口便，其賊多小，甚處去者？言道：有
南山六人，弟互傷鬥，針草不得，便向東去。到於東宴，共把道人相
逢，放箭鬥下，城家張再誠致死，龍家一人捉將及馬貳匹將去，兼草
上捉驢壹頭、牛肆頭、龍家小廝兒貳人，當便過溝去，把瓜州大道取
向東去。從後奔趁，至橫堆東大樫弻地夬處，亦見牛蹤，不過其兵馬
多分。取懸泉奔逐多小分，並乘官馬，卻取向西去。至到曲泉南，尋
得遮牛賊蹤。當便奔逐，至到硔山谷口，日沒谷內行得多分，算他行
程親近。從後更有賊人聲出，當便下馬，聽探賊人。其賊知覺，把山
走去，其兵馬卻趁遮牛賊去。至二更已來，到乎雖磧半，趁他不返，
當腳□至。弟（第）二日，眼見相逢，懸泉兵馬尋賊蹤，政（正）南
發去。其向東賊到於懸泉城下，捉將趙都知、小男二人、女子一人。
其把道龍家將到硔山谷放卻，至弟（第）二日齋時到來。其龍家口說：
述丹宰相、阿悉蘭祿都督二人稱說，發遣龍家二人為使，因甚不發遣
使來？沙州打將羊數，多分足得，則欠南山駝馬，其官馬群在甚處？
南山尋來，龍家言說，馬七月上旬遮取沙州去。已前詞理，並付龍家
口言。謹具奏聞，不敢不申，裁下處分。
　　八月二日，常樂副使田員宗啟。

常樂副使田員宗啟又見於 S.8446v + S.8445v《丁未年十一月廿五日常樂
副使田員宗領得新稅羊憑》。S.8445 +S.8468 + S.8446《丙午年六月廿七
日羊司於常樂稅羊納羊人名目》、《丙午年四月十二日米羊司就於常樂
稅挈家羊數名目》均提到了田副使、陽監使，前者當即常樂鎮副使田
員宗，後者為常樂鎮監使。常樂鎮位於沙、瓜二州之間，是連接兩州
的交通要衝。這裡經常受到南山部族的劫掠寇擾，故歸義軍在此處既
設縣又置鎮，進行雙重管理。上述啟文報告說，從南山來的一股賊

寇，人數頗多，到常樂鎮境內搶劫官馬群、畜牧及人口；常樂鎮一方面命令驅趕人畜入城躲避，另一方面積極布置兵馬前往追蹤。南山部族向東往瓜州方向逃竄，於是常樂鎮又會同鄰近的懸泉鎮一起出兵，夾擊南山。常樂鎮副使田員宗將發生之事詳述原委，向歸義軍節度使進行匯報。由此可見，常樂、懸泉二鎮地處瓜州西部，主要防衛沿著榆林河來自南山部族的侵犯，有效地捍衛了沙、瓜二州間的安全（圖2-4）。

▲ 圖 2-4　六工破城

2. 懸泉鎮

關於懸泉的地名，較為複雜。唐前期以「懸泉」命名者頗多。P.2005《唐沙州都督府圖經卷第三》記載，懸泉水在沙州城東一百三十里，懸泉驛在沙州城東一百四十五里，驛站設在懸泉水附近。沙州敦煌縣所轄十三鄉中有懸泉鄉，據 P.3898《唐開元十年（722）敦煌縣懸

泉鄉籍》、S.514《唐大曆四年（769）沙州敦煌縣懸泉鄉宜禾里手實》
所記各戶的田地位置，可知懸泉鄉在沙州城東十五至四十里之內。《新
唐書》卷四〇《地理志四》「沙州敦煌郡」條則記載懸泉府為沙州所管
三兵府之一。由此可見，懸泉水、驛、鄉、府均在沙州敦煌縣境內。
然而，莫高窟第一二二窟前基址出土 K122：14《唐天寶柒載（748）肆
月過所》中云：

> 六月四日，常樂勘過，守捉官索懷。六月五日，懸泉勘過，守捉
> 官、鎮將靳崇信。六月八日，晉昌郡 ⬚⬚⬚⬚。[129]

從常樂縣經懸泉鎮到晉昌郡，是一路向東行走，可知懸泉鎮位於常樂
縣之東、晉昌郡之西，位於晉昌郡（瓜州）境內，而非沙州（敦煌
郡）。這個懸泉鎮可能就是李賢所說的懸泉堡：「廣至，縣名，故城在
今瓜州常樂縣東，今謂之懸泉堡是也。」[130]

到晚唐歸義軍時期，沙州敦煌縣下轄十一鄉，撤銷了懸泉、壽
昌、從化三鄉，新設了赤心鄉，池田溫、陳國燦認為赤心鄉是由懸泉
鄉改名而來，表示歸義唐朝、赤心向國之意。[131]值得注意的是，歸義軍
時又出現了一個懸泉鎮，土肥義和認為是由懸泉鄉升格為鎮，位於沙

<hr>

129 敦煌文物研究所考古組：《莫高窟發現的唐代絲織物及其他》，載《文物》1972 年第
　　12 期。圖版見封底「六天寶七載文書」。「索懷」，原文錄作「李懷」。

130 《後漢書》卷 58《蓋勛傳》，李賢等注，中華書局 1965 年版，第 1879 頁。

131 〔日〕池田溫：《八世紀中葉における敦煌のソグド人聚落》，載《ユーラシア文化
　　研究》第 1 號，1965 年；陳國燦：《唐五代敦煌縣鄉里制的演變》，載《敦煌研究》
　　1989 年第 3 期。

▲ 圖 2-5　破城子

州城東一百四十五里處，屬沙州。[132]然而向達卻說：「唐、宋時代之懸泉堡或懸泉鎮即在漢廣至縣舊地，今安西踏實西北之破城子是其處也」，[133]即今瓜州縣鎖陽城鎮西北的常樂村之破城子（圖 2-5）。陳國燦考察了瓜、沙二州之間的途程，重點探討懸泉鎮的地理位置，也認可了向氏的說法。[134]李並成對懸泉鎮的位置作了調查考證，皆同意向說。[135]上引 P.2482v《某年八月二日常樂副使田員宗啟》亦載，懸泉鎮

132 〔日〕榎一雄編：《講座敦煌》第二卷《敦煌の歷史》V《歸義軍（唐後期・五代・宋初）時代》（土肥義和撰），第 245 頁。

133 向達：《唐代長安與西域文明》之《記敦煌石室出晉天福十年寫本〈壽昌縣地境〉》，第 427 頁。

134 陳國燦：《敦煌學史事新證》之《唐瓜沙途程與懸泉鎮》，甘肅教育出版社 2002 年版，第 413-417 頁。

135 李並成：《漢敦煌郡廣至縣城及其有關問題考》，載《敦煌研究》1991 年第 4 期。

在常樂鎮東去瓜州的途中。[136]

引人注目的是，榆林窟中有不少與懸泉鎮相關的資料，茲列表於下（表2-2）：[137]

窟號	題　記
20	雍熙伍年歲次戊子（988）三月十五日，沙州押衙令狐住延下手畫副監使窟，至五月卅日□具畫此窟周□。願君王萬歲，世界清平，田蝱善熟，家□□□，□孫莫絕。值主窟岩，長發大願，莫斷善心，坐處雍護，行□通達，莫遇災難。見其窟岩紀也。
25	光化三年（900）十二月廿二日，懸泉長史齊乞達、寧虞柱、齊犖磨、都知兵馬使馮鉢略、兵馬使王佛奴、遊弈使齊鉢羅贊、兵馬使楊佛奴，隨從唐鎮使巡此聖蹟，因為後記。
34	清信女弟子張嫁與懸泉鎮荊一心供養 □□（懸泉）鎮兵馬使、兼□□都料□安定一心供養 □子衙前正兵馬□（使）、兼本鎮鄉官張□……
35	節度都頭、懸泉鎮遏使、銀青光祿大夫、檢校左散騎宋清兒…… 施主懸泉鎮廣化寺頓悟大乘賢者□押衙、銀青光祿大夫…… □本鎮押衙、銀青光祿大夫檢校……
36	敕歸義軍節度內親□（從）都頭、守懸泉鎮遏使、銀青光祿大夫、檢校……、兼□騎都尉南陽鄧義之供養

▲ 表2-2

---

136 還可參坂尻彰宏：《杏雨書屋藏敦煌祕笈所收懸泉索什子致沙州阿耶狀》，載《杏雨》第 15 號，2012 年。

137 馮志文主編：《中國西北文獻叢書續編》第 20 冊《敦煌學文獻卷》所收《榆林窟題記》（手抄影印本），甘肅文化出版社 1999 年版，第 194 頁；謝稚柳：《敦煌藝術敘錄》，第 468-489 頁。

　　這些洞窟中出現了懸泉鎮過使唐某、宋清兒、鄧義之，副監使、長史齊乞達、寧虞柱、齊孽磨，都知兵馬使馮缽略，兵馬使王佛奴、楊佛奴、□安定，遊弈使齊缽羅贊，鄉官張□及押衙某人，僚佐眾多，官職也頗為豐富。陳國燦根據榆林窟第二十五窟中的唐鎮使及一幫僚佐認為：「這樣多懸泉鎮的官員一同到榆林窟來巡聖跡，顯然是由於懸泉鎮離此甚近，才有此便利。這是破城子是懸泉鎮的又一個旁證。」[138]

　　繼唐鎮使之後，P.4640v《布紙破用歷》記載辛酉年（901）五月廿三日，「又支與懸泉鎮使曹子盈粗布壹匹」。[139] S.619v《懸泉鎮過使行玉門軍使曹子盈狀》云：

　　　　懸泉鎮過使、行玉門軍使曹子盈。

　　　　右子盈轅門賤品，未立功，夙夜兢慚，□□□□惶□處分者。伏蒙將軍大造，拔自塵流，擢居專鎮。分符有愧於先賢，軍額難當於穴末。終願磨礪穎鈍，上報恩私。捍虜寧邊，豈敢輒虧於烽埃。前件簞筍羊酒等，誠效野老。戰行伏深，伏乞　　容納，生誠幸甚。

後部雜抄有兩行「使、守左繞（驍）圍（衛）將軍、兼御史大夫張」，即歸義軍節度使張承奉。懸泉鎮使曹子盈被「擢居專鎮」後，其職守是「捍虜寧邊」，謹守烽埃，禦敵入侵。唐制，「鎮將、鎮副掌鎮捍防

---

138 陳國燦：《敦煌學史事新證》之《唐瓜沙途程與懸泉鎮》，第 417 頁。

139 敦研 1＋敦研 369＋P.2629《歸義軍衙內酒破歷》亦有「曹鎮使勸孝酒壹甕」的記載，但在時間上與懸泉鎮使曹子盈不合，當為另一人。施萍亭《本所藏〈酒帳〉研究》〔載《敦煌研究》創刊號（總第 3 期），甘肅人民出版社 1983 年版〕在研究這份酒帳時，根據所鈐「歸義軍節度使新鑄印」、月建大小與酒帳中「令公」等線索，最後推斷時間為 964 年。

守，總判鎮事」。[140]同時他又兼任了玉門軍使。

榆林窟第三十四窟有三身供養人與懸泉鎮有關，其中張氏所嫁的懸泉鎮荊某，或即 S.9452v《押衙知懸泉副使荊幸昌啟》中提到的「〔押〕衙、知懸泉副使荊幸昌」。P.3440《丙申年三月十六日見納賀天子物色歷》云：「荊鎮使白綾壹匹」，大概荊幸昌從懸泉鎮副使升任為鎮使。值得注意的是「□子衙前正兵馬□（使）、兼本鎮鄉官張□……」，懸泉鎮掌領該鎮所轄範圍內的鄉官，插手屬於民政性質的鄉務。後唐明宗長興元年（930）十二月，左補闕王延上奏：「一縣之內，所管鄉村而有割屬鎮務者，轉為煩擾，益困生民，請直屬縣司，鎮唯司賊盜。從之。」[141]王延的上奏，正可說明五代鎮將侵犯縣令職權、插手鄉務的實際情況。

榆林窟第三十五窟也有三身供養人與懸泉鎮有關，節度都頭、懸泉鎮遏使宋清兒或即 S.8712《丙戌年四月十一日諸鎮弔孝欠布憑》中的「縣（懸）泉宋鎮使」及 S.1153《諸雜人名一本》中的「宋鎮使」。在懸泉鎮的管轄範圍內有一座廣化寺。

此外，榆林窟第三十六窟西壁供養人像有節度內親從都頭、守懸泉鎮遏使鄧義之；第二十窟為副監使窟，亦當為懸泉鎮的副監使。

P.2814《後唐天成三年（928）二月都頭知懸泉鎮遏使安進通狀》共有七件，對於了解懸泉鎮的職能很有幫助。七件狀文可以分為兩類：一是向歸義軍節度使曹議金報告本鎮的軍情，如第一、二、三件；二是向歸義軍節度使進獻禮物，如第四、五、六、七件。該狀背面也抄有安進通上給節度使的狀稿，年代也在天成時期，但其憲銜已從侍御

---

140 李林甫等：《大唐六典》卷三〇《三府督護州縣官吏》，第756頁。

141 王欽若等：《冊府元龜》卷四七五《臺省部・奏議六》，第6冊，第5674頁。

史升遷為御史大夫，又帶上柱國之勛官。茲錄其中第三、四件於下：

（三）

都頭、知懸泉鎮遏使安進通狀上。

右今月廿日，當鎮捉道人走報稱：於八虞把道處，有賊騎馬蹤，共貳拾騎以來，過向北山何頭林木內，潛藏不出。進通當時遂差遊弈使羅缽□（訥）等二人親往蹤出處探獲，的實在甚處詮藏。至定消息，星夜便令申報上州，兼當日差人走報常 樂 、瓜州。兩鎮收什（拾）人口、群牧，警備堤防訖。此時皆仗令公神謀，不落賊人奸便。□已覺察，擬擬準備，兵士尋合，奔逐支敵，必計不失機 宜 ，擒捉梟首，部領送上府衙。謹遣武通達馳狀申報者，謹錄狀上。牒，件狀如前，謹牒。

天成三年二月廿日，都頭、知懸泉鎮遏使、銀青光祿大夫、檢校國子祭酒、兼侍御史安進通狀上。

（四）

都頭、知懸泉鎮遏使安進通狀上。賀端午獻物狀。

酒伍瓮，麨參碩。

右伏以薤賓令節，端午良晨（辰），輒申續壽之儀，用賀延長之慶。前件微鮮，謹充獻賀之禮。塵瀆威嚴，伏增戰懼。伏乞特賜容納，伏聽處分。牒，件狀如前，謹牒。

天成三年二月廿日，都頭、知懸泉鎮遏使、銀青光祿大夫、檢校國子祭酒、兼侍御史安進通狀上。

第三件狀文所反映懸泉鎮使安進通的職責與 P.2482v《某年八月二日常

樂副使田員宗啟》相同，防禦敵騎劫掠懸泉鎮的人口、畜牧，同時將此敵情報告給「上州」即沙州與鄰近的瓜州、常樂鎮，協同禦敵。P.2155v《某年六月弟歸義軍節度使曹元忠致甘州回鶻可汗狀》云：「又至六月四日，懸泉鎮賊下，假作往來使人，從大道，一半乘騎，一半步行，直至城門。捉將作極小口五人，亦乃奔趁相競。其賊一十八人及前件雍歸鎮下，並是回鶻」，也反映了甘州回鶻人假充使節來到懸泉鎮搶劫人口。

　　除了軍事職能外，鎮有時還負有民事職能，特別是徵收賦稅。P.2814v《懸泉鎮百姓乞請緩收稅債狀稿》記載他們向「司空」亦即歸義軍節度使上狀，請求緩收當鎮稅收。可見鎮民需要交納賦稅，而鎮使除了負責軍事安全之外，還有徵收賦稅差科等管理經濟的職能。[142]《五代會要》卷二〇《州縣分道改置》「隴右道」條記載秦州天水縣隴成縣：「後唐長興三年（932）二月，秦州奏見管長道、成紀、清水三縣外，有十一鎮，征科並系鎮將」；成州同谷縣栗亭縣：「後唐清泰三年（936）六月，秦州奏……成州元管同谷縣，余並是鎮，便系征科。……其征科委縣，捕盜委鎮司。從之。」[143]又後周太祖於廣順三年（953）七月丁酉下詔：「京兆、鳳翔府、同、華、邠、延、鄜、耀等州所管州縣軍鎮，頃因唐末藩鎮殊風，久歷歲時，未能釐革，政途不一，何以教民。其婚田爭訟、賦稅丁徭，合是令佐之職。其擒奸捕盜、庇護部民，合是軍鎮警察之職。今後各守職分，專切提撕，如所

142　〔日〕日野開三郎：《五代鎮將考》，載《東洋学報》第 25 卷第 2 號，1938 年。
143　《五代會要》卷二〇《州縣分道改置・隴右道》，第 257-258 頁。

職疏遣，各行按責，其州府不得差監征軍將下縣。」[144]後周下詔區分縣令與鎮使的職能，正反映了五代時期存在著鎮使侵越縣令職權的情況，除了擒奸捕盜、庇護部民之外，還掌管婚田爭訟、賦稅丁徭等事務，歸義軍懸泉鎮使兼掌本鎮賦稅亦為其例。

3. 雍歸鎮

雍歸鎮，又作邕歸鎮，唐前期就已置鎮，如 P.2625《敦煌名族志》記載陰琛為「唐任昭武校尉、行瓜州雍歸鎮將、上柱國」。

到晚唐歸義軍張承奉時期，P.4640v《布紙破用歷》凡五次出現邕歸鎮使楊神海，從己未年（899）六月廿七日至辛酉年（901）五月廿三日，一直是楊神海擔任邕歸鎮使。

S.528v《三界寺僧智德狀》説他「口承邊界，鎮守雍歸」，「伏乞令公阿郎念見口承邊鎮百姓」，表明雍歸鎮位於歸義軍的邊界地區，是一座邊鎮。P.3727《後周廣順五年（955）正月都知兵馬使呂富延陰義進等上太保衙狀》云：「右今月某日某時，於向東甚處，遞到消息，言道有馬蹤多少騎，數來入會稽、新鄉、雍歸、新城管界。」同卷有沙州僧俗給呂、陰二人的書信，內中提到瓜州之事，可知雍歸、會稽、新鄉、新城四鎮皆在瓜州境內，是布設在歸義軍東面的軍事重鎮。P.4525v《太平興國伍年十月內親從都頭某牒》報告説：「昨去前月廿九日，從雍歸有南山伍人到來，口云道：部落盡於雍歸鞍（安）下，欲疑瓜州下來。心知已前作惡之事，恐怕更有高下。況義郎當差貳人共南山相隨於部落裡，商儀（議）下來事去。」顯然，雍歸鎮與南山部落

---

144 《舊五代史》卷一一三《周書‧太祖紀四》，第 1497-1498 頁。王欽若等《冊府元龜》卷六一《帝王部‧立制度二》記載這則詔敕更加詳細，還有「賦稅婚田，比來州縣之職；盜賊煙火，元系巡鎮之司。各有區分，不相踰越。或侵職分，是紊規繩」等語，第 1 冊，第 688 頁。

較為鄰近，距離祁連山不遠。P.2155v《某年六月弟歸義軍節度使曹元忠致甘州回鶻可汗狀》云：「去五月廿七日，從向東有賊出來，於雍歸鎮下煞卻一人，又打將馬三兩匹，卻往東去。運後奔迸問訊，言道趁逃人來。又至六月四日，懸泉鎮賊下，……其賊一十八人及前件雍歸鎮下，並是回鶻，亦稱趁逃人來。」這些甘州回鶻人從東面來擾，先是在雍歸鎮下殺人奪馬，後又襲擾懸泉鎮，也表明兩鎮相去不遠。

上文說到，懸泉鎮與榆林窟距離較近，雍歸鎮也同樣如此。榆林窟第十二窟西壁洞口題記多次提到雍歸鎮，云：

> 為窟上水，設齋（齋）糧。若也背此粿糧者，仰窟為誓，故立斯□。……等不翻悔者，其地常年一種。時於榆林窟上納粿麥參拾□□定截嶽成子常住地□與雍歸八門，王（任）意佃蒔。請上□便及□□□□嵬稚，如斯苦果，不可具陳。子時和尚發丈（大）慈悲，丘心便□□等□中實。若雍歸城池，石壁開山，四塞無百人，耕種糧田□燒香禮佛，□頭窟內，雍歸人門一齊咨伸張禪和尚，拜射□□……和尚圓滿大師前設齋，財施以了。忽乃早寅巡窟，樂營石田奴三十餘人，□□年每載於榆林窟上燒香燃燈。……奴……押牙□盈、押牙爺（鄧）再慶、押牙□願佑。……五日，雍歸人門、僧俗、老丈、幸婆、幸者等。

此窟中有「敕受墨厘軍諸軍事、知瓜州刺史、檢校司空……」、「皇祖檢校司空慕□□□」、「曾皇妣曹氏一心供養」及「大元國至順二年（1331）奉元路居住奉佛弟子瓜州知州郭承直並男郭再思、巡檢杜鼎臣

到此禮佛記耳」，[145]可證雍歸鎮確屬瓜州管轄，與榆林窟距離不遠。上
引題記雖然文字錯漏較多，有的地方難以斷句，但是內容卻十分豐
富，據之可知：第一，雍歸鎮與榆林窟距離不遠，同處在榆林河旁
邊，所以雍歸鎮人經常到榆林窟來燒香禮佛，並向榆林窟交納稞麥。
第二，雍歸鎮一帶有「耕種糧田」，「其地常年一種」，這是因為它地處
榆林河流域，水資源豐富，可以耕種良田。S.374《宋至道二年（996）
新鄉副使王漢子監使郁遲佛德等牒》記載，新鄉鎮「於何都頭手上領
得雍歸麥替麥拾伍車」，即為雍歸鎮生產糧食的證明，何都頭當即都
頭、知雍歸鎮使。第三，雍歸鎮「石壁開山」，依山而建，這種石頭城
在河西地區較為罕見，唯今肅北蒙古族自治縣的石包城遺址可以當
之。《重修敦煌縣誌》卷二《方輿志》「石包城」條云：

　　舊制在城東二百里，疊石為城，高拒絕壁，不知何年所建。

並附馬爾泰《石包城詩》：「翠壁峻嶒接玉霄，岩城矗起自何朝？五丁
用力開神域，四郡連烽驚夜刀。衰草當年遺戰壘，秋風此日靜天驕。
周行已遂登臨志，不憚經營萬里遙。」[146]向達「疑即今榆林窟南七十里
之石包城」，[147]陳國燦也肯定此說，[148]自然是毫無疑義的。第四，雍歸
鎮「四塞無百人」，地理位置偏僻，人口稀少，這跟今天肅北縣石包城
鎮的情況仍極相似（圖2-6）。

---

145 謝稚柳：《敦煌藝術敘錄》，第447-449頁。

146 呂鍾：《重修敦煌縣志》卷二《方輿志》，甘肅人民出版社2002年版，第65頁。

147 向達：《唐代長安與西域文明》之《記敦煌石室出晉天福十年寫本〈壽昌縣地境〉》，
　　第427頁。

148 陳國燦：《唐五代瓜沙歸義軍軍鎮的演變》，載《敦煌吐魯番文書初探二編》，第561
　　頁。

▲ 圖 2-6　石包城遺址

　　從地形上看，石包城周圍環山，僅東南面有一個寬敞豁口，來自東面的甘州回鶻或南山人可以從這裡順利地進入榆林河流域。雍歸鎮位於今肅北縣境內的榆林河上游，懸泉鎮在今瓜州縣境內的榆林河下游。這樣就可以理解上揭 P.2155v 狀文所説甘州回鶻人先後劫掠雍歸、懸泉二鎮，就是順著榆林河向北而去的。

　　4. 新城鎮

　　「新城」一名，初置為郡，最早見於《晉書》卷八七《涼武昭王李玄盛附李歆傳》，他發兵討伐北涼沮渠氏，卻「敗於蓼泉，為蒙遜所害。士業（李歆字）諸弟酒泉太守翻、新城太守預……西奔敦煌，蒙遜遂入於酒泉」，是知西涼設有新城郡。到了唐代，由 P.3559、P.3018、P.2803v 等號組成的《唐天寶年代敦煌郡敦煌縣差科簿》從化鄉「貳拾柒人沒落」條中有「新城長上」一詞，説明新城作為地名在唐前

期仍然存在，但是否建制為鎮則不得而知。S.514v《唐大曆四年（769）沙州敦煌縣懸泉鄉宜禾里手實》某缺名戶主在城東十五里瓜渠有一段一畝的口分地，其四至為「東河、西新城、南荒、北路」，這裡的「河」即為新城河母，P.3396v《沙州諸渠諸人瓜園名目》提到「新城河母三界趙闍梨瓜園」。由此可知，新城位於敦煌縣懸泉鄉境內。然而，唐代新城地名與懸泉類似，亦有多處。前文已經指出，史葦湘所論新城鎮設在樓蘭的觀點不確。不過，樓蘭地區確實有一座新城，S.367《沙州伊州地志》云：「新城，東去石城鎮二百卌里。康豔典之居鄯善，先修此城，因名新城，漢為弩支城」；《新唐書》卷四三下《地理志七下》亦記石城鎮「又西二百里至新城，亦謂之弩支城，豔典所築」。值得注意的是，無論敦煌地志文書還是《新唐書・地理志》，所列諸城鎮名稱中，僅石城鎮、播仙鎮稱為「鎮」，皆上元（674-676）年間所置，而其他如新城、屯城、蒲桃城、薩毗城、鄯善城、古屯城皆稱為「城」。這樣的書寫是十分嚴謹的，故此「新城」並未設鎮。

晚唐歸義軍時期，P.4640v《布紙破用歷》凡五次提到新城鎮，從己未年（899）五月十日至辛酉年（901）六月四日，一直是張從武擔任新城鎮使。P.3518v《大唐河西歸義軍節度左馬步都押衙故張保山邈真贊並序》云：

金王會臨，超先拔選。東陲大鎮，最是要關。公之量寬，僉然委任。新城固守，已歷星霜。茲鎮清平，人歌邵泰。隉都河而清流不乏，浚溝洫而湍湧濚波。五穀積山，東皋是望。貯功廩什，撫備邊城。……二十八事，提戈輔戎。金王獎擢，百戰摧凶。立身苦節，蕃抱禮容。弓裘繼世，素慕登庸。曾任雄鎮，改俗移風。

「金王」即金山白衣王張承奉，[149]他任命張保山為新城鎮使。據贊文描述可知：第一，新城鎮位於瓜州的東部，被稱為「大鎮」、「雄鎮」和「要關」，同時也是歸義軍的「東陲」、「邊城」。P.3935《丁酉年洪池鄉百姓高黑頭狀》末云：「況黑頭粿粒更無覓處，欲擬一身口承新城，伏乞大王鴻慈，特賜判印，專候處分。」在「欲擬」二字之後，原寫「身當邊鎮」四字，後又劃掉，旁書「一身口承新城」。新城鎮屬於「邊鎮」，即所謂東陲邊城。S.8516《後周廣順三年（953）十二月十九日歸義軍節度使曹元忠榜》末尾亦有「新城口承人押衙王盈進」。

第二，新城鎮境內有都河流過，都河即疏勒河。P.2807 pièce 1 + pièce 2《某年十月四日法靈上僧錄和尚狀》云：「法靈自到新城，至甚平善」；「新城大河耶回日，法靈參拜□□和尚，伏乞知悉。今乳餅一、胡棗子一斗，淰五束。已上信物，且充遠心，乞賜容納。今因人次，望付狀。起居不宣，謹錄狀上。僧錄和尚香案。十月四日小師法靈謹狀」。法靈所到的新城，有大河流過，出產胡棗子等物。這條新城大河，究竟是沙州敦煌縣懸泉鄉的新城河母，還是瓜州新城鎮的都河？法靈給敦煌的僧錄上狀並獻信物，稱「且充遠心」，表明新城鎮距離敦煌較遠，應非懸泉鄉之新城，而是遠在瓜州東部之新城鎮。法靈因有

---

149 P.4632+P.4631〈西漢金山國聖文神武白帝敕宋惠信可攝押衙兼鴻臚卿知客務〉、
　　Дx.3174《行都錄事麹再誠可正十將敕》等敦煌文獻上鈐有多枚「金山白衣王印」。《舊五代史》卷一三八《外國傳二》「吐蕃」條（第 1840 頁）、《新五代史》卷七四《四夷附錄三》「吐蕃」條（第 915 頁）皆云：「沙州，梁開平（907-911）中，有節度使張奉，自號『金山白衣天子』。」

「人次」回敦煌，[150]托其捎帶書狀、信物給僧錄。

　　第三，經過鎮使張保山的努力經營，新城鎮積穀如山，糧食盈倉，成為歸義軍的東陲雄鎮。敦煌文獻《節度押衙充新城鎮遏使張寶山狀》及其上給相公、大將軍的兩通《封書樣》云：

《張□殘書狀》
（上缺）日，寶山蒙（約缺七字）體何似？伏惟善加（約缺四字）著物色，孤鎮地無所出，前件□黃礬、菌子，乞垂容納。
不宣，謹狀。
月日具官銜。張□狀上（名上加新城朱記印）。
常侍閣下。
謹空。

《封書樣》
新城鎮狀上相公衙。節度押衙、充新城鎮遏使張寶山狀。謹封。

《封與大將書樣》
謹謹上郎中閣下。節度押衙、充新城鎮遏使張寶山狀封。[151]

150　參沙知：《般次零拾》，白化文等編《周紹良先生欣開九秩慶壽文集》，中華書局 1997 年版，第 142-148 頁；張廣達：《唐末五代宋初西北地區的般次和使次》，季鏟、蔣忠新主編《季羨林教授八十華誕紀念論文集》，江西人民出版社 1991 年版，下冊，第 969-974 頁；〔日〕坂尻彰宏：《敦煌般次考—— 十世紀前後の使節とキャラヴァン——》，載《內陸アジア言語の研究》XXX，2015 年。

151　馮志文主編：《中國西北文獻叢書續編》第 18 冊《敦煌學文獻卷》所收羅振玉《沙州文錄補遺》，手抄影印本，第 500 頁。

書狀末尾小字注「名上加新城朱記印」，沙知認為即「新城鎮遏使之印」。[152]張寶山即張保山，據其所言，新城鎮位置荒僻，地無所出。歸義軍之所以在此設鎮，顯然是因為它的軍事地位十分重要，「最是要關」，是東防甘州回鶻的軍事前線。經過張保山的苦心經營，新城鎮很快發展成為一個富庶殷實的東陲大鎮。P.2032v《後晉時代沙州淨土寺諸色人破歷算會稿》云：「粟一斗，新城家麥來日看用」，新城鎮向沙州運送麥子，正是其經濟發展的寫照。

第四，贊文説張保山在新城鎮移風易俗，但因文獻記載缺略，具體情況不得而知。

P.3636《丁酉年五月二十五日社戶吳懷實契約》記其於該年春「隨張鎮使往於新城」。歸義軍時期的丁酉年有三個，即：八七七年、九三七年、九九七年。無論哪一年，都與上述張承奉時期擔任新城鎮使的張從武、張保山不合，當是另有其人。

此外，S.8712《丙戌年（986）四月十一日諸鎮吊孝欠布憑》記載有「新城安鎮使」，P.3440《丙申年（996）三月十六日見納賀天子物色歷》中有「安鎮使白樓綾壹匹」，不知是否為同一人？

如上所論，歸義軍時期的新城鎮既非唐前期樓蘭之新城，也不是沙州敦煌縣懸泉鄉之新城，而是位於瓜州的東部。關於新城鎮的確切位置，陳國燦推測在今瓜州縣布隆吉鄉南二十里的蕭家地古城遺址，[153]但李並成根據里數判斷該城為唐代的合河戍（鎮），[154]而新城鎮是在蕭

---

152 季羨林主編：《敦煌學大辭典》「新城鎮遏使之朱記」條（沙知撰），上海辭書出版社1998年版，第292頁。

153 陳國燦：《唐五代瓜沙歸義軍軍鎮的演變》，載《敦煌吐魯番文書初探二編》，第567頁。

154 李並成：《唐代瓜州（晉昌郡）治所及有關城址的調查與考證》，載《敦煌研究》1990年第3期。

家地古城西十里的旱湖腦城（圖 2-7）。[155]因近年行政區劃發生變動，旱
湖腦城今已改隸於瓜州縣雙塔鄉。

▲ 圖 2-7　旱湖腦城遺址

5. 會稽鎮

會稽鎮為歸義軍節度使曹元忠時期所新設，屬「八鎮」之一。

「會稽」一名，由來甚早，本為秦漢以來江南地名，或郡或縣，最
為著名；但從西晉開始，河西地區也出現了會稽縣與會稽郡。不過，
隨著形勢的變化，河西會稽郡、縣的建制與治所也在不斷變化，較為
複雜。

西晉「元康五年（295），惠帝分敦煌郡之宜禾、伊吾、冥安、深
泉、廣至等五縣，分酒泉之沙頭縣，又別立會稽、新鄉，凡八縣為晉

155　李並成：《歸義軍新城鎮考》，載《北京圖書館刊》1997 年第 4 期。

昌郡」。[156]到十六國時期，河西為五凉政權所割據，會稽縣仍然存在，如闞駰之「父玟，為一時秀士，官至會稽令」。[157]此一時期，會稽縣隸屬於晉昌郡，其地域在今瓜州縣範圍內。

四〇五年，李暠將西凉國都從敦煌遷到酒泉，把前秦末從江漢地區擄至敦煌的大批南方人「皆徙之於酒泉，分南人五千戶置會稽郡」，[158]西凉會稽郡設在原酒泉郡境內。

史載，唐晉昌縣有「宜禾故城，漢宜禾都尉所居，城在縣西北界。乃後魏明帝正光元年（520）僑立會稽郡於此」。[159]北魏末恢復的會稽郡並非是西凉會稽郡的翻版，而是設在原西晉晉昌郡之會稽縣。這個會稽郡的設立，很可能跟入華粟特人有關，並且形成了粟特康氏之郡望。[160]《隋書》卷二九《地理志上》云：「後魏置會稽郡。後周廢郡，並會稽、新鄉、延興為會稽縣。開皇（581-600）中改為玉門，並得後魏玉門郡地。」北周初裁撤會稽郡，但仍然保留了會稽縣的建制，並將

---

156 《晉書》卷一四《地理志上》，第434頁。

157 《魏書》卷五二《闞駰傳》，第1159頁。《北史》卷三四《闞駰傳》作「父玟」，中華書局1974年版，第1267頁。P.2005《唐沙州都督府圖經卷第三》「闞塚」條作「父玟」。

158 《晉書》卷八七《凉武昭王李玄盛傳》，第2263頁。李並成《歸義軍會稽鎮考》（載《敦煌吐魯番研究》第3卷，1998年，第224頁）說：「李暠安置南人（江漢之人）的會稽郡設在原敦煌郡境內。……西凉武昭王的會稽郡應是由西晉會稽縣升格而來，至會稽縣原址」，並不準確，因為他所依據的《通典》、《太平寰宇記》皆省略了「及玄盛東遷，皆徙之於酒泉」等語。參杜佑《通典》卷一七四《州郡典四》，第5冊，第4555頁；樂史《太平寰宇記》卷一五三《隴右道四》，中華書局2007年版，第7冊，第2959頁。

159 樂史：《太平寰宇記》卷一五三《隴右道四》「瓜州」條，第7冊，第2960頁。杜佑《通典》卷一七四《州郡典四》「晉昌郡」條（第5冊，第4555頁）晉昌縣下所注略同。

160 參馮培紅：《河西走廊上的會稽與建康》，載《「唐代江南社會」國際學術研討會暨中國唐史學會第十一屆年會第二次會議論文集》，第275-276頁。

新鄉、延興二縣併入會稽縣。新的會稽縣仍隸於晉昌郡(武帝時更名為永興郡)，[161]是在今瓜州縣境內。王仲犖、李並成皆認為，合併後的會稽縣治在今玉門市赤金鎮，[162]但開皇十年（590）會稽縣改名玉門縣時，[163]才得到元魏玉門郡之地，此時才將縣治從宜禾故城東遷到赤金鎮，而會稽縣之名不復存在了。

晚唐張氏歸義軍時期，未見會稽鎮的建制，但 S.6234 + P.5007 +P.2672《詩集》中有一首《壽昌》，首句提到「會稽磧畔亦疆場」。徐

---

161 杜佑：《通典》卷一七四《州郡典四》「瓜州」條「後周屬會稽郡」下注：「後周因舊名置晉昌郡」，第5冊，第4555頁；李吉甫《元和郡縣圖志》卷四〇《隴右道下》「瓜州」條云：「晉惠帝又分二郡置晉昌郡，周武帝改為永興郡」，下冊，第1027頁；樂史《太平寰宇記》卷一五三《隴右道四》「瓜州」條云：「至後周初並之，復為晉昌郡。至武帝改晉昌為永興郡」，第7冊，第2959頁。

162 王仲犖：《北周地理志》卷二《隴右》，中華書局1980年版，上冊，第229-230頁；李並成：《歸義軍會稽鎮考》，載《敦煌吐魯番研究》第3卷，1998年，第224-225頁。

163 《隋書》卷二九《地理志上》的「開皇中」，李吉甫《元和郡縣圖志》卷四〇《隴右道下》「肅州玉門縣」條具體記作「隋開皇十年復改為玉門縣」，下冊，第1024頁。東京三井文庫藏北三井025-014-002《華嚴經》卷第冊六尾題：「大隨（隋）開皇三年歲在癸卯（583）五月十五日，武候帥都督、前治會稽縣令宋紹演」，載三井文庫編《敦煌写経：北三井家》，三井文庫，2004年，第44頁圖版。日本學者大多從紙質材料的角度，判斷該寫經是偽寫本，見赤尾榮慶《三井文庫所藏敦煌写経目録》，載《敦煌写本の書誌に関する調査研究：三井文庫所藏本を中心として》，2000-2002年度科學研究費補助金基盤研究，京都，2003年，參考圖版1，第10頁；《書誌學的観点から見た敦煌写本と偽写本をめぐる問題》，載《仏教芸術》第271號《特集　敦煌学の百年》，2003年。礪波護《天寿国と重興仏法の菩薩天子と》，載《大谷学報》第83卷第2號，2005年。不過，「武候帥都督、前治會稽縣令宋紹演」絕不會是無中生有捏造出來的官銜與人名，宋紹演在週末隋初之際出任會稽縣令，隋代又升任為武候帥都督。參白雪、馮培紅：《敦煌本宋紹讀經題記及相關問題考釋》，載《敦煌研究》2012年第1期。

俊、榮新江考證該組詩的時代在晚唐張氏歸義軍時期，[164]可知此時依然存在「會稽」一名，但建制如何則不得而知。五代曹氏前期，會稽鎮也未人列「六鎮」之中。S.8516B《後周廣順二年（952）某月五日歸義軍節度使曹元忠帖》中有「貶流會稽」之語，特別是 P.3727《後周廣順五年（955）都知兵馬使呂富延陰義進等上太保衙狀》說到「有馬蹤多少騎，數來入會稽、新鄉、雍歸、新城管界」，這裡新出現的會稽、新鄉兩個地名，與雍歸、新城二鎮相並列，當為曹元忠新設之鎮，成為曹氏中後期的「八鎮」之一。

西晉、北周之晉昌郡均轄領會稽、新鄉二縣，五代歸義軍增置會稽、新鄉二鎮，仍然隸屬於瓜州（即晉昌郡），地點自應相同，即在瓜州西北之宜禾故城。[165]其具體位置，李正宇認為在今瓜州縣南岔鎮六工村西五里的六工破城子，並考定即魏晉之宜禾縣、北魏之常樂郡、隋代之常樂鎮、唐代之常樂縣。[166]然而，魏晉宜禾縣與會稽縣（即漢宜禾都尉所居之宜禾故城）、北魏常樂郡與會稽郡、歸義軍常樂縣與會稽鎮，皆為同時並存、各自地方的不同機構；而且，歸義軍時期常樂縣、鎮並置，會稽鎮更不可能設於常樂縣。李並成撰文專門考證歸義軍會稽鎮，考定在今瓜州縣城東三十六里處的小宛破城（圖 2-8），同樣位於唐瓜州城的西北，較為合理。他還指出：「會稽鎮位居疏勒河中

---

164 徐俊：《敦煌詩集殘卷輯考》，中華書局 2000 年版，第 650-656 頁；榮新江：《唐人詩集的鈔本形態與作者蠡測——敦煌寫本 S.6234 + P.5007、P.2672 綜考》，載四川大學中國俗文化研究所編《項楚先生欣開八秩頌壽文集》，中華書局 2012 年版，第 141-158 頁。馮培紅《敦煌的歸義軍時代》（第 141 頁）認為詩集的抄寫年代在八七六年或稍後。

165 陳國燦《唐五代瓜沙歸義軍軍鎮的演變》（載《敦煌吐魯番文書初探二編》，第 573 頁）認為，「會稽鎮設於酒泉西二百里的舊玉門縣地，即今甘肅玉門市屬的赤金縣城附近」。此說不可取，已不煩贅論。

166 李正宇：《崑崙障考》，載《敦煌研究》1997 年第 2 期。

游綠洲北部，為歸義軍政權的北部屏障，並與其西南的懸泉鎮、東南的瓜州城呈三足鼎立、相互策應之勢，居有十分重要的軍事地位。它的設置既可防範甘州回鶻政權沿疏勒河幹流北岸，繞道瓜州北部而來的襲擾，又可東與新城鎮、玉門鎮連成東西一線，南與懸泉鎮、雍歸鎮以至新鄉鎮連成南北一線，構成對瓜沙腹地幾個方向上的拱衛，並且還可有效地切斷甘州回鶻沿截山子——三危山北麓地帶對沙州腹地的侵擾。」[167]

▲ 圖 2-8　小宛破城遺址

　　S.5606《曹氏歸義軍時期書手某乙抄錄會稽鎮狀》是一組關於會稽鎮的狀文樣本：

---

167 李並成：《歸義軍會稽鎮考》，載《敦煌吐魯番研究》第 3 卷，1998 年。

《賊來輸失狀》。某處寇盜。

右今月某日，從某處寇盜，驀突出來，直到城下。賊有三百騎已來，欲擬相敵，恐怕輸失，虜劫五六餘人，更無損動。更有言語，任之書。謹具狀申聞，謹錄狀上。

《無賊錯接火驚動狀》

右今月某日夜，某處火出，遂差都知遊弈尋探，某處種田人灼火錯看，此件虛謬無賊。今則管界澄清，總無驚怕。謹具狀申聞，謹錄狀上。

《鎮使不在鎮內百姓保平安狀》

副使某甲、百姓等狀上阿郎衙。右某月，鎮使李某甲奉帖上州去後，鎮縣內外並平安，烽烽又無動靜。防門守護，准舊兢兢；捉道、烽鋪，不敢怠慢。向東一道，更無息耗。謹具狀奏聞，謹錄狀上。

書手某乙，右奉差會稽抄錄。來時蒙阿郎處分，賜限居守一年。今則時過，望替，未得指揮。伏乞

這些狀文是書手某乙在會稽鎮抄錄的，應當是會稽鎮使、副使上給歸義軍節度使的狀文樣本。當李鎮使奉命到瓜州去匯報工作時，由副使代行其職，管理鎮務。在鎮使、副使之下，還設有都知遊弈使，負責偵察當鎮的敵情。其中《鎮使不在鎮內百姓保平安狀》提到「向東一道」，就是為了保衛地處東南面的瓜州城的安全。P.2155v《某年六月弟歸義軍節度使曹元忠致兄甘州回鶻奉化可汗仁美狀》云：「又去五月十五日，被肅州家一雞悉夗作引道人，領達怛賊壹伯已來，於瓜州、會

稽兩處，同日下打將人口及牛馬。」肅州家與達怛聯合西侵歸義軍，從東向西進攻瓜州、會稽鎮。

P.4060《會稽鎮遏使羅祐通供養佛像》左下側有一行「施主會稽鎮遏使羅祐通一心供養」之題記，池田溫判斷此畫像的年代為「大約十世紀」。[168]敦煌文獻中經常出現「羅鎮使」，如 P.2916《癸巳年（993）十一月十二日張馬步女師遷化納贈歷》云：「羅鎮使：非（緋）絹一匹，黃絹一匹，透貝一匹」；P.4700 等《甲午年（994）五月十五日陰家婢子小娘子榮親客目》中有「羅鎮使及娘子並都頭小娘子四人」；P.3942《榮親客目》亦有「羅鎮使及娘子」。曹氏前期有一位紫亭鎮使羅盈達，是節度使曹議金的妹夫，但上舉文書的時代皆屬曹氏後期，故此羅鎮使應非紫亭鎮使羅盈達，疑為會稽鎮使羅祐通。

P.2880《習字雜寫》在地名部分寫有「瓜州、常樂、懸泉、會稽、壽昌、紫亭」，從後面抄有「正月廿六日，太保東窟上去迎頓破酒壹瓮」、「庚辰年（980）十月廿二日」判斷，是九八〇年曹延祿時抄寫的。[169]

6. 新鄉鎮

與會稽鎮一樣，新鄉鎮也是曹元忠時期新設之鎮，屬「八鎮」之一。「新鄉」一名，由來亦早，或設為縣，或置為鎮。前揭《晉書》卷一四《地理志上》記載，二九五年設立會稽、新鄉二縣，隸屬於晉昌郡。北魏時，晉昌郡改為戍，所轄之新鄉縣併入新設置的會稽郡；北

168　〔日〕池田溫：《中国古代写本識語集録》，東京大學東洋文化研究所 1990 年版，第 525 頁。

169　榮新江：《沙州歸義軍歷任節度使稱號研究（修訂稿）》，載《敦煌學》 第 19 輯，1992 年。

周廢會稽郡，撤銷新鄉縣的建制，並之入會稽縣，至隋又入玉門縣。[170]
到唐代，《通典》卷一七四「晉昌郡」條下注：「東至酒泉郡五百二十
六里，南至新鄉鎮一百八十里」，[171]可知新鄉鎮在唐前期就已設置，屬
瓜州晉昌郡。

　　然而，晚唐歸義軍張氏時期卻未見新鄉鎮。黃盛璋認為「新鄉亦
即新城」，又稱新昌鎮，[172]殊不準確。S.8516C《後周廣順三年（953）
十二月十九日歸義軍節度使曹元忠牓》末有「新鄉□承□（人）押牙
多祐兒……；新城口承人神沙王盈進……」，P.3727《後周廣順五年正
月都知兵馬使呂富延陰義進等上太保衙狀》亦云：「有馬蹤多少騎，數
來人會稽、新鄉、雍歸、新城管界」，可見新鄉、新城並非一地，而是
同時存在的兩個不同的鎮，但兩地鄰近，相去不遠，均在瓜州境內。

　　唐代前期的新鄉鎮，在歸義軍張氏及曹氏前期廢而未置，曹氏初
期的「二州六鎮」中也不包含新鄉鎮。直到曹元忠執政時期，才增設
了新鄉鎮。S.8516A《後周廣順三（953）年歸義軍節度使曹元忠牓》
云：

　　敕歸義軍節度使牓。

　　應管內三軍、百姓等。

　　右奉處分，蓋聞□封建邑，先看土地山川，阡陌堪居，遂乃置
城立社。況河西境部，舊日總有人民。因為土蕃吞侵，便有多投停

---

170 《隋書》卷二九《地理志上》敦煌郡下有玉門縣，注云：「後魏置會稽郡。後周廢
　　郡，並會稽、新鄉、延興為會稽縣。開皇（581-600）中改為玉門，並得後魏玉門郡
　　地」，第816頁。

171 杜佑：《通典》卷一七四《州郡典四》，第5冊，第4555頁。

172 黃盛璋：《沙州曹氏二州六鎮與八鎮考》，載《1983年全國敦煌學術討論會文集（文
　　史・遺書編）》，上冊，第274頁。

廢。伏自大王治世，方便再置安城。自把已來，例皆快活。唯殘新鄉
要鎮，未及安置軍人。今歲初春，乃遣少多人口，耕種一熟，早得二
載喉糧。柴在門頭，便是貧兒活處。仍仰鄉城百姓審細思量，空莫執
愚，耽貧過世。丈夫湯（唐）突，到處逢一財。怕事不行，甚處得物。
自今出榜曉示，樂去者榜尾標名。所有欠負、諸家債務，官中並賜恩
澤填還，不交汝等身上懸欠。便可者，聞早去揭，安排次第。及時初
春，趁得種田，便見秋時倍熟。一年得利，久後無愁。坐得三歲二
年，總□□□□□，仍仰……

S.8516C《後周廣順三年（953）十二月十九日歸義軍節度使曹元忠榜》
末曰：

> 廣順三年（953）十□月十九日榜。
> 使、光祿大夫、檢校太保、兼御史大夫曹（鳥形押）。
> 新鄉口承□（人）押牙多祐兒、兵馬使景悉乞訥、李佛奴、于羅
> 悉雞、趙員定、大雲寺僧保性、平康武搗搥兄弟二人。

在去新鄉、新城二鎮的名單後面有餘白，是留給其他樂意前去者簽名
的。榮新江在整理 S.6981 之後的英藏敦煌文獻時，就已經作了初步綴
合與介紹；[173] 後來對曹元忠時代的歷史進行考察，説他為了鞏固邊防，
設置新鄉鎮，就以 S.8516 榜文進行了説明，該榜即是設置新鄉鎮、招

---

173 榮新江：《英國圖書館藏敦煌漢文非佛教文獻殘卷目錄（S.6981-13624）》，新文豐出
版公司 1994 年版，第 94-96 頁。

募軍人的榜文。[174]從榜文可知，新鄉鎮設立後，未能及時安置軍人，到九五三年初春才派遣數量不多的人口前往屯戍，年底又下榜招募樂去鎮守者，由官府為他們歸還所欠債務。榜尾標名的新鄉口承人，既有押牙、兵馬使等武職軍將，也有一般士兵，于羅悉雞一名又見於 S.8448《辛亥年（951）正月廿七日歸義軍紫亭鎮羊數名目》，此時尚為紫亭鎮的牧羊人，兩年後報名充當新鄉鎮的軍人。

　　S.374《宋至道二年（996）正月新鄉副使王漢子監使郁遲佛德等牒》云：

　　新鄉副使王漢子，監使郁遲佛德，都衙馬衍子、朱向孫，百姓等。

　　右漢子、佛德、百姓等，自從把城，苦無絲髮之勞。今司徒、娘子重福，念見邊城，恰似正、二月布施百姓參伍車，一一打與貧乏百姓，救難之接貧命饑荒種子。漢子、佛德、百姓、老小、女人，參拜司徒、娘子恩得（德）福因，應四遭番人，專名無任感恩、悚懼之至。今者漢子、佛德於何都頭手上領得雍歸參替參拾伍車。又　都衙先欠參玖車拾參碩伍斗，並無升合不欠。謹具陳謝，謹錄狀上。牒，件狀如前，謹牒。

　　至道元二年正月　　日，新鄉副使王漢子、監使〔郁〕遲佛德等

---

174 Rong Xinjiang，「Official Life at Dunhuang in the Tenth Century： The Case of Cao Yuanzhong」(tr. by Alastair Morrison)，*The Silk Road： Trade，Travel，War and Faith* (ed. by Susan Whitfield with Ursula Sims-Williams)，London： The British Library，2004，pp.57-62. 漢文見榮新江《敦煌歷史上的曹元忠時代》，《敦煌研究》2006 年第 6 期。另參坂尻彰宏《敦煌牓文書考》，載《東方学》第 102 輯，2001 年。

牒。[175]

所言「邊城」，是指新鄉鎮位於瓜州南一百八十里處，學界判斷在今玉門市昌馬鄉政府，雖然在方向上較為偏東，但瓜州往南一百八十里已經越過了祁連山，而且在祁連山北側、榆林河上游設置了雍歸鎮，所以將新鄉鎮定在疏勒河上游的昌馬盆地是較為合適的。在歸義軍「二州八鎮」中，新鄉鎮位於東南部，是控扼吐蕃北上的要衝，防止吐蕃人翻越祁連山，沿著疏勒河上溯，在軍事上極為重要，故在上件榜文中被稱為「要鎮」。從新鄉鎮往西，可達雍歸鎮，相去不遠，所以雍歸鎮才會向新鄉鎮支援麥子五十車。新鄉、雍歸二鎮隸屬於瓜州，故此「司徒」疑即瓜州刺史之檢校官。[176]

7. 玉門鎮

前文已論，玉門鎮不屬於「二州六鎮」及「八鎮」之列。關於玉門的地望，頗為複雜。向達指出：西漢時初設玉門關，在敦煌之西北；但到隋唐時，玉門關已東徙至瓜州境內，位於晉昌縣城之東；[177]李並成

---

175 據周紹良主編《英藏敦煌文獻（漢文佛經以外部分）》第 1 卷（四川人民出版社 1990 年版，第 163 頁）影印圖版可知，該牒末署「道至元二年正月日，新鄉副使王漢子、監使遲佛德等牒」。需要說明的是：1.「道至」應為「至道」之誤，為北宋太宗之年號。2.「元二年」頗不可解，唐耕耦、陸宏基《敦煌社會經濟文獻真跡釋錄》第 3 輯（全國圖書館文獻縮微複製中心 1990 年版，第 106 頁）照錄原文，榮新江《歸義軍史研究》（第 133 頁）引用《沙州文錄補遺》作《宋至道元年（995）正月新鄉副使王漢子等牒》，郝春文《英藏敦煌社會歷史文獻釋錄》第 2 卷（社會科學文獻出版社 2003 年版，第 202-203 頁）定名為《至道二年（996）新鄉副使王漢子等牒》。筆者贊同郝說，認為「元」字當衍。3. 漏一「郁」字，唐、陸二氏照錄原文，郝氏據文義補入。

176 《宋會要·蕃夷志》「瓜沙二州」條記載「又以其弟延晟為檢校司徒、瓜州刺史」，載徐松輯《宋會要輯稿》第一九八冊《蕃夷五》，第 7767 頁。

177 向達：《唐代長安與西域文明》之《兩關雜考》，第 365-383 頁。

進而考證，五代時玉門關再東遷至肅州西部的石關峽。[178]玉門作為政區的出現，始於西漢之玉門縣，屬酒泉郡。[179]北魏孝明帝升格為玉門郡，隋開皇十年（590）復降為玉門縣，隸屬於敦煌郡。[180]《元和郡縣圖志》卷四〇「涼州」條記載，河西節度使所統八軍中有玉門軍，下注：「肅州西二百餘里。武德（618-626）中楊恭仁置。管兵千人，實三百人，馬六百匹。東去理所一千一百餘里」；「肅州」條云：「玉門軍，開元（713-741）中玉門縣為吐蕃所陷，因於縣城置玉門軍。天寶十四年（755），哥舒翰奏廢軍，重置縣」。[181]由此可知，唐代的玉門縣、玉門軍設於一地，位於今酒泉市西二百餘里處，當即今玉門市赤金鎮。S.5357《妙法蓮華經卷第一》末題：「乾元二年（759）七月十五日，玉門軍副使、昭武校尉、守右衛寧州彭池府折衝員外置同正員、賜紫金魚袋、上柱國皇甫鳴鑾為亡妻尚氏自寫記。」[182]

晚唐張氏歸義軍時期，肅州是否仍置玉門縣，因文獻無征而不可考知，[183]卻設有玉門鎮、玉門軍。P.4640v《布紙破用歷》凡三次提到玉門鎮，庚申年（900）七月十七日，索通達為玉門鎮使；辛酉年（901）二月六日至十九日，張進達為玉門副使。S.619v《懸泉鎮遇使行玉門軍

178 李並成、李春元：《瓜沙史地研究》之《五代宋初的玉門關及其相關問題考》（李並成撰），甘肅文化出版社 1996 年版，第 153-162 頁。

179 《漢書》卷二八下《地理志下》，中華書局 1962 年版，第 1614 頁。

180 李吉甫：《元和郡縣圖志》卷四〇《隴右道下》「肅州」條，下冊，第 1024 頁；《隋書》卷二九《地理志上》「敦煌郡」條，第 816 頁。

181 李吉甫：《元和郡縣圖志》卷四〇《隴右道下》「涼州」、「肅州」二條，下冊，第 1018、1025 頁。

182 黃永武主編：《敦煌寶藏》第 42 冊，新文豐出版有限股份公司 1981 年版，第 190 頁。

183 鄭炳林《晚唐五代敦煌歸義軍行政區劃制度研究（之二）》（載《敦煌研究》2002 年第 3 期）僅云：「根據歸義軍政權設置州縣的一般規律，我們推測歸義軍時期應設置有玉門縣。」

使曹子盈狀》記其被節度使張承奉「拔自塵流，擢居專鎮。分符有愧於先賢，軍額難當於穴末」。既居懸泉鎮，又領玉門軍。上舉《布紙破用歷》亦載，己未年（899）五月廿三日，「又支與懸泉鎮使曹子盈粗布壹匹」。張承奉將玉門鎮升格為玉門軍，恢復了原來唐朝的玉門軍的建制，軍使一職由懸泉鎮使曹子盈兼任。P.3718《唐故河西節度都頭知玉門軍事張明德（進達）邈真贊並序》云：

　　府君諱明德，字進達，……輸忠累制，先王獨委邊城；玉門故軍；再蠱千門獻主。遂使權機奉化，賦稅民無告勞。六教居懷，三端恒備於己。寔乃奇功出眾，府主詔就於階庭。別擢崇班，內燕全歡而偏獎。……偏獎邊務，治本於農。軍危值難，獨不西東。殊勛已立，邈命庭中。班遷都位，常謙常恭。

張明德字進達，當即上揭《布紙破用歷》中的玉門副使張進達，升任為知玉門軍事。贊文中的「先王」指張承奉，「玉門故軍再蠱」表示恢復了唐朝的玉門軍建制。其地在今玉門市赤金鎮，對於歸義軍來說是最東面的邊陲軍鎮，故稱「邊城」。P.3167v《唐乾寧二年（895）三月安國寺道場司常秘等牒》提到「押衙張進達女妙善」，P.2594v + P.2864v《白雀歌並進表》：「白屋藏金鎮國豐，進達偏能報虜戎」，當即其人。在此後的曹氏時期，不再出現玉門鎮，可證其已為玉門軍所替代，張進達在「府主」即曹議金時期仍然擔任知玉門軍事。S.11343《衙內都押衙守玉門軍使曹仁裕獻酒狀》首題：「衙內都押衙、守玉門軍使、銀青光祿大夫、檢校國子祭酒、兼御史大夫、上柱國曹仁裕」，所進獻之酒一瓮，被稱為「產自土宜」。據榮新江考證，曹仁裕是曹氏歸義軍首

任節度使曹議金的長兄，[184]他應該是接替張進達出任守玉門軍使。

（三）沙、瓜二州以外的其他諸州之鎮

張氏歸義軍前期管轄了整個河西走廊，河西東部諸州境內是否設鎮，資料記載極少；特別是到張承奉以後，所轄區域退縮至瓜、沙二州。S.4622v《百姓高盈信狀》記載「今兄在加鄰（嘉麟）鎮將軍高進達邊」，高進達是八四八年張議潮收復沙、瓜二州後被派往長安獻捷的使節，當時官任押衙，[185]後來升為嘉麟鎮將。P.4660《大唐前河西節度押衙甘州刪丹鎮遏使充涼州西界遊弈防採營田都知兵馬使康通信邈真贊》云：「番禾鎮將，刪丹治人。先公後私，長在軍門。天庭奏事，薦以高勛。姑臧守職，不行遭窀。」據篇末題記知，該贊作於中和元年（881）仲冬。在康通信所領諸職中，有刪丹鎮遏使、番禾鎮將，以加強對甘、涼二州交界地帶的重點防守，他還兼任了涼州西界防禦使，也是出於同一原因。

涼州之嘉麟、番禾與甘州之刪丹，唐前期均設為縣，都是附郭縣；到晚唐張氏歸義軍時期，也都實行鎮、縣並置。至於非附郭縣中的其他縣，如肅州之福祿縣，涼州之昌松、神鳥二縣，是否也實行鎮、縣並置，則有待進一步考證。

據《新唐書》卷四〇《地理志四》記載，唐前期在涼州境內設有赤烏、通化等鎮，瓜州境內還有合河鎮；P.2625《敦煌名族志》記載陰元祥為「唐任昭武校尉、甘州三水鎮將、上柱國」，P.2005《唐沙州都督府圖經卷第三》記載有「文舉人昭武校尉、甘州三水鎮將、上柱國

---

184 榮新江：《關於曹氏歸義軍首任節度使的幾個問題》，載《敦煌研究》1993年第2期。

185 《張淮深碑》小字注云：「沙州既破吐蕃，大中二年（848）遂差押牙高進達等，馳表函入長安城，已（以）獻天子。」參榮新江《敦煌寫本〈敕河西節度兵部尚書張公德政之碑〉校考》，載《歸義軍史研究》，第401頁。

張大爽」，這些都是唐前期在河西東部地區所設之鎮，歸義軍時期是否恢復設置，因敦煌文獻無征不得而知。P.3591 v《某年四月八日隨使押衙充臨河鎮使程丞狀》，其撰寫年代是否屬歸義軍時期，地望何處，亦有待進一步考證。

　　如前所說，敦煌文獻與石窟題記中還出現了一些鎮使、監使，其中有些任職何鎮暫不可考，如 S.11350、S.11350v《押衙楊保德上鎮使及娘子狀封》中有「鎮使及娘子座前押衙楊保德」，Дx. 10282《鄧鄉官等便麥歷》中有郭鎮使，Дx. 1425 + Дx. 11192 + Дx. 11223《辛酉年吊儀用布歷》中有鎮使。

　　綜上所述，歸義軍時期在地方上設置了數目眾多的鎮，以加強軍事控制與防禦外敵，這些鎮與豆盧軍、墨厘軍、玉門軍等一起，共同構成了歸義軍的軍事防務體系（圖2-9）。歸義軍特別加強了鎮的建制，分布在緣邊地帶，防禦外敵入侵，以保衛歸義軍的安全。從以上的材料可以得知，鎮置鎮使，鎮、縣並置者往往由一人兼任鎮使、縣令，下設副使、監使及長史、都知兵馬使、兵馬使、都知遊奕使、遊奕使、押衙等文武僚佐，當然鎮的屬官並不止此。

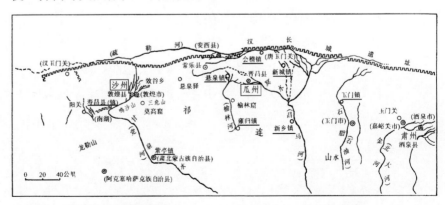

▲ 圖2-9　瓜沙二州八鎮示意圖
　　（本圖採自李並成、李春元《瓜沙史地研究》，李並成先生繪作）

（原載《敦煌吐魯番研究》第 9 卷，中華書局 2006 年版，第 245-294 頁。收入本書時作了修訂）

地域文化研究叢書・敦煌文化研究叢刊　A0204025

敦煌學與五涼史論稿　上冊

作　　　者	馮培紅
版權策畫	李煥芹
責任編輯	曾湘綾

發 行 人	陳滿銘
總 經 理	梁錦興
總 編 輯	陳滿銘
副總編輯	張晏瑞
編 輯 所	萬卷樓圖書股份有限公司
排　　版	菩薩蠻數位文化有限公司
印　　刷	百通科技股份有限公司
封面設計	菩薩蠻數位文化有限公司

出　　版　昌明文化有限公司

桃園市龜山區中原街 32 號

電話　(02)23216565

發　　行　萬卷樓圖書股份有限公司

臺北市羅斯福路二段 41 號 6 樓之 3

電話　(02)23216565

傳真　(02)23218698

電郵　SERVICE@WANJUAN.COM.TW

大陸經銷

廈門外圖臺灣書店有限公司

　電郵　JKB188@188.COM

ISBN 978-986-496-445-1

2019 年 3 月初版

定價：新臺幣 300 元

如何購買本書：

1. 轉帳購書，請透過以下帳戶

　合作金庫銀行　古亭分行

　戶名：萬卷樓圖書股份有限公司

　帳號：0877717092596

2. 網路購書，請透過萬卷樓網站

　網址　WWW.WANJUAN.COM.TW

大量購書，請直接聯繫我們，將有專人為您

服務。客服：(02)23216565　分機 610

國家圖書館出版品預行編目資料

敦煌學與五涼史論稿　上冊 / 馮培紅著. --

初版. -- 桃園市：昌明文化出版；臺北市：

萬卷樓發行, 2019.03

　冊；　公分

ISBN 978-986-496-445-1(上冊：平裝). --

1.敦煌學

797.9　　　　　　　　　　　108003191

本著作物經廈門墨客知識產權代理有限公司代理，由浙江大學出版社授權萬卷樓圖書股份有限公司出版、發行中文繁體字版版權。

本書為真理大學產學合作成果。　　　　　　　　校對：喬情／臺灣文學系